人人身上都是一個時代

陳柔縉——文
梁旅珠——圖

目次

人人身上都是一個時代

1 人的日本時代

2 愛與死事件簿

3 台灣歷史因緣地

【自序】

日本時代的世相人情

這些年，我不斷不斷在探索日本時代，追問那個異族統治的時空，人民在生活上看到甚麼、做了甚麼、體驗了甚麼。之前出版《台灣西方文明初體驗》、《囍事台灣》和《台灣摩登老廣告》，屬於同一系列，主要都以「物」著手，瞭解與感受台灣人接觸西洋文明的興奮與哀愁。

眼前完成的《人人身上都是一個時代》，不追洋物，主題非關西方文明，而是觀看與感覺那個時空下，「人」與「事」、「地」交會，所展現具有時代風的世相人情，許多還深藏、綿延到當代。

現代年輕人愛看瑤瑤，以前的少年家愛瞄電梯小姐。當今山寨橫行，以前也有仿冒，最愛僞造味素。那個時候的可憐情人，最常去的殉情「名所」是台南運河。英俊瀟灑的台灣最貴單身漢，卻遲遲不結婚。一九三〇年，大稻埕的台灣女性在一次問卷調查說出了她們心目中最偉大的人和最高興、最害怕的事，答案裡可是有蔣介石。戰前台灣有好幾萬中國人，每到雙十節，他們會掛國旗、坐車遊街慶祝。這本書就用三十幾篇文章，多面向的事件與世態，來趨近探求台灣前人的心靈與社會。

這些題目當然無法描述完盡日治社會民情人心，不過，從邏輯來說，也沒有任何一本書可以滴水不漏，收納所有的歷史事實。這些題目出線，跟時下新聞給我的刺激有關。有時，我讀到不盡週延的說法，例如，指功學社創辦人是引進山葉鋼琴的推手，因可能讓人誤以為戰後台灣才有山葉鋼琴，我就把戰前山葉鋼琴在台的熱況說了一遍。又例如，媒體把王永慶年輕時用「兩百元」開米店，形容成貧苦，我也忍不住要辨證一下當時的「兩百圓」其實不小。

有時是某個當前的社會話題，誘引我去探索同一話題的日本時代版，例如，讀到日本古老的鐵道便當店歇業，自然就反問，日本時代台灣的鐵路便當長甚麼樣子？有排骨嗎？而大陸遊客湧入日月潭，我就去翻報紙，找出一九二七年那一場讓日月潭首次登上台灣八景的票選活動；那一次，台灣民眾撒出三億多張熱情選票，愛鄉愛土的心教人讚嘆。

日本時代的民眾生活，雖不一定波瀾壯闊，卻是面目豐富且感情滿杯。我探索的路徑是大量採擷報紙新聞，因爲那裡才有如小說、電影般的生動描述，有人影、時間、地點與聲音、動作、感情。舉例來說，追蹤到台灣人最早參與的那場馬拉松賽，我的做法是運用新聞報導，盡最大可能重建現場，帶引讀者重返比賽當時的情境。

有一群日本小學生揮著紅旗，上寫白色英文字「HS」，為他們的老師加油。西門町那邊的兩個藝妓卻沒頭沒腦鑽進現在的衡陽路和中華路交口的審判席，被警察喝住：「非工作人員不准進來！」沒想到藝妓卻嬌聲嬌氣說：「大人，可以啦！」害警察一時間反應不及，只能苦笑……。

同樣要描寫那一場馬拉松大賽，甚麼人得到甚麼成績和勝敗結果可能才是一般運動史專書的重點。然而對我來說，讀沒有人聲和場景的歷史，彷彿掉進四面白牆的太空艙，抓不到方向和重量，無從瞭解與感受。

我想，情境和故事才是歷史趣味的核心。人發出的言語、穿著的服裝、物體出現的動作，甚至天空晴或雨，才能建立情境，所以，種種細節最是要緊。在這本書中，我有許多挖掘，深到細節，一方面希望讓歷史情境更立體，可閱讀性升高，另一方面，時代的特徵從細微處看，更有味道，所以，也希望對大家更細膩瞭解那個年代有幫助，也讓電影、小說、漫畫、動畫、舞台戲、電視連續劇，能有更精準的憑藉。

我也衷心期待，這本書的話題廣度足夠做爲一個時代的布景，描寫手法也足夠引起大家對那個時代的注視與興趣，然後動心想去追尋個人的、家族的、家鄉的日本時代。

書中〈人人身上都是一個時代〉那一篇文章在報紙登出後，北一女有國文老師以此文爲引，當作文題目，希望學生也描繪代表自己家族歷史的事物。老師還在提示上寫著——「張愛玲說：『凡人比英雄更能代表這時代的總量。』」謹此再借，獻給各位讀者朋友。

全書完成，特別要感謝幾位朋友。

在北一女唸書時，我曾經代表班上去參加書畫比賽，陪榜而已，那次的冠軍是忠班的梁旅珠，一個多才多藝的風雲學生。大三時，她到法學院來修日文，我們才眞正成爲同學，從此變成好朋友。這本書準備進入編輯階段，我就想，「非壓榨梁同學的才華不可」。

書裡提到的事件，舊報紙多有即時的、動態的新聞照片，珍貴卻模糊。以前幾本書我常提出採用這類新聞照片，出版社和美編都有難色。這次特別央求旅珠把舊照片畫回來，重現當年。

旅珠總是依我指定的照片模畫，但也曾經發生拒畫的情事。被拒的圖是一個強盜，我的本意在讓讀者看看當時的犯人也穿橫條紋的囚衣，但她說：「他的眼神好可怕！」馬上在電腦刪掉那張圖，一眼都不願再看。旅珠就是這樣明亮善良的人，她的世界容不下污濁。她的筆觸如其人，加上她所採用的畫筆，有十幾個黑白層次，更讓畫質增厚，散發善良溫暖，有通俗照片所缺少的溫度，也正是我想傳達的人情感覺。

模畫的過程，因爲每一筆都要到達每一個最小的細節，每張圖對我來說，都放到顯微鏡下了，從不知道的諸多細節也浮現了。旅珠和我常在網路兩端一起細看好多照片，只爲確定究竟衣服上有幾個紐扣之類的細節。也一起讀專書，確定戰前西方淑女的鞋樣和帽式。這種再深入讓我們再發現，是個興味十足的學習過程。有趣的是，我們意外發現日本閑院宮載仁親王某一天戴反肩章了，眞不知道那天失神的僕人是誰。

也感謝聯合文學的主編鄭順聰和聯合報專欄組的郭乃日，像我這樣的作者，跟磨好的糯米漿一樣，不有編輯拿大石頭來壓，水分擠不出來，可用的糯米糰出不來，美味的湯圓也遙遙無期。近一年，他們爲我設定交稿時程，嚴禁找藉口，文章才一篇一篇順利出產，非常感謝。

另要感謝平澤千映子小姐協助閱讀日文資料。早晨，總是她一杯咖啡，我一杯桔茶，一同飛返舊時光，在老故事裡一起笑開懷。

也謝謝平原綾香。她不是我的朋友，不過，今年每一次寫稿，一定邊聽她的《Jupiter》專輯。

每一天
我傾聽自己的心
知道自己不是孤單一人

在內心深處
我們緊緊相連
閃耀的星星
越過無垠的時間
指引我們相遇的奇蹟

每一天
我傾聽自己的心
知道自己不是孤單一人
而是被宇宙的胸懷所擁抱……

她的歌聲總是讓我感覺幸福欲淚……謝謝。

1 人的日本時代

人人身上都是一個時代

去年冬天，我在一個民間學苑上課，講日本時代的衣食住行，八十歲白髮學員不少，那是他們親身存在的時空，所以，也是去採訪。

一天上課前，一位女學員很禮貌來致歉。我請他們寫一個自己與日本時代相關的故事，她說她在戰爭結束前兩個月出生，沒有故事，另一方面也忙，還沒能回家鄉問老母親有甚麼值得說的記憶。

我第一個反應，笑稱，「哦！你也當過日本人！有日本名字嗎？」然後，聊著聊著，一個令人動容的故事跑出來。

她說，戰時美軍飛機來轟炸，有一天，飛機又到村子頭上，全家急成一團要逃，阿公叫母親快跑，「查某仔不要緊啦！」不要管躺在床上的小女嬰。阿公重男輕女，但母親捨不得，還是趕緊抱起，躲到屋外的防空壕。後來發現，空襲過去，房內的床留有彈

舊相片中，人人那麼安靜面對鏡頭，然而如果趨前細問，每個人一定都有說不完的故事；台灣的歷史不就是該如此綴織而成嗎？此圖攝於一九二〇年前後，是苗栗頭份一個溫姓客家家族的合照。右邊的窗上方，紅聯寫著「似蘭斯馨」，左側門上有紅聯，則以「從」字為中心，直寫「山從古」，橫寫「水從深」，樸趣無窮。（梁溫彩英提供）

痕。她笑著說：「要不是媽媽，我早就沒命了！」

不是沒有故事，只待發現。

我也想到自己家裡的戰爭記憶。

我們住的鄉鎮挨在濁水溪南不遠，阿公約有三甲地，一甲的溪埔地租給佃農。「日人尾」（台灣人稱日本時代最後幾年），美軍轟炸機B29動不動就來空襲，農人在田間無法安心耕種，佃農「做無」（沒有收成），索性把地還回來。一下子，鐵線草長得奇高，阿公借了親戚的牛去翻土，爸爸跟在牛後面用腳把草踩進土裡。阿公又跟阿衡仔叔公討了短短的蕃薯藤苗。叔公不保證種得起來，但當時農田荒蕪，作物缺乏，能得點小苗，阿公已非常感謝。結果，鐵線草埋進土裡，成了最好的有機肥料，半年後，蕃薯個個肥大；爸爸跟我說這個故事時，用雙掌合捧來形容。

戰爭的最後一、兩年，台灣各方面更形殘破，一切物資都少，米和豬肉要配給，對農家這兩項監控得厲害，對蕃薯卻放任自由。於是，阿公每一天去田裡挖蕃薯，每天載一牛車回來，約莫一千台斤，倒在家後巷子。鄉人聞風而來，一天就賣得一千圓。一千圓是非常大的錢，小學老師一個月才領四、五十圓。爸爸說，「賣到心會燒」。

阿公先前在公學校後方買了一塊地，因貸款欠日本勸業銀行台南支店（今土銀台南分行）三千多圓，十幾年還不完，利息壓力愈來愈重，沒想到賣幾天蕃薯，就還清了。這塊地後來分給爸爸這一房，也是我們兄弟姊妹五人能繳出學費、安然成年的後盾。雖然，那塊地不得不賣掉，但故事永遠留下來了。

我總鼓吹朋友，回家去問阿公阿嬤爸爸媽媽，去幫他們做口述回憶。由於日本時代記憶曾經長期無心被撫觸，此時再去挖掘，相信更會有許多意外，驚聞許多從來不知道的家族舊事，激盪難歇。

一位好朋友眞去和她爸爸聊了，就大呼驚奇，長到四十幾歲，她從不知道祖父留過學，唸過東京的「目白中學校」，終於才知道爲什麼家裡有坐在雪地的泛黃照片、爲什麼有刻著「目白」的網球優勝紀念牌。

時代不專屬於誰，人人身上都是一個時代。記憶不能只靠幾座古蹟和英雄書上的幾個人，故事不計大小，都值得流傳。誰又能預料哪個故事會在哪個心靈發光與發熱呢？

跑啊！林和

當全台灣爲林義傑的極地馬拉松成就喝采時，我暗自爲「林和」著急起來。

林和之名不見經傳，九十幾年前只是一個受雇於臺灣銀行的人力車夫。當年台北街頭剛有汽車沒多久，全台灣不超過三十部，有身分地位的商賈官紳往來，普遍乘坐人力車。現代人常把人力車誤爲三輪車，其實人力車只有後方兩輪，完全由車夫雙手握住腰前橫桿，以雙腿爲動力前輪。

一九一六年四月二十三日，臺灣日日新報社舉辦「空前壯舉」的「マラソン」（讀音近「馬拉松」，即馬拉松）全島大賽。台灣民眾當時普遍對運動陌生，不知賽跑爲何事，三十六歲的林和可能因在官方的臺灣銀行工作，又是以強壯腳力謀生的車夫，才會被日本職員勸進，報名參加馬拉松賽，和其他十六位台籍選手一起拉開台灣人馬拉松歷史的序幕。

現代馬拉松於一八九六年成爲國際奧運會的項目，逐漸傳向各地，抵達台灣已經一九一〇年代。之前台灣雖有各種團體辦各種賽跑，但沒有「マラソン」的說法。到一九一六年一月，現在台北重慶南路日籍商家組織的「府前會」才有一場名爲「マラソン」的比賽，分大人和兒童組。大人組的路線，因爲當時靠左行走，所以跑過現在的總統府前，便左轉愛國西路，再左轉中山南路，最後往北直到圓山飯店（時爲臺灣神社）。看不出有台灣人與賽的蹤跡，不過，林和工作的臺灣銀行就在路線上，或許目睹了這一場寒冬裡的馬拉松。

三個月後，史上有

馬拉松賽第一名的林和是台灣銀行的人力車夫。

台灣人參加的第一場馬拉松賽隆重熱鬧登場了。路線拉長到十二公里左右，跑「三線道路」三圈。三線道路就是今天的忠孝西路、中華路、愛國西路和中山南路圍起來的四方形馬路，都是有綠地綠樹相隔的林蔭大道。當時說起「三線路」，跟咖啡店一樣，是摩登之地，只不過三線路鋪小砂石，不像今天是黑亮平整的柏油路面。

馬拉松比賽路線選擇當時最好的馬路，分組卻有點蹊蹺；不分甚麼性別或年齡，而是分人種，日本人一組，台灣人一組。政商界寄贈許多獎品，竟有指定給日本組，堀井商會送的銀盃就是其一。穿越時空，往那一只銀盃望去，折射的光竟能刺痛人心。不過，林和大概想不到那些殖民地的幽怨，報名後，他就開始練習。沒有結伴，也沒有甚麼教練指導，他一個人利用夜晚風涼的時刻，練習了三天。平時會沾一點的酒，暫停了，改吃一點高麗人蔘。

日本人這邊，賽前拼命練習，報紙報導得也很拼命。選手被狗亂追亂吠，是練跑最困擾的事。報紙還說，握「北部運動界の霸權」的鐵道部有十五人參加，而淡水稅關團很打拼，冒雨練跑。報社並設有獎徵答，讓民眾預測台灣人和日本人的第一名成績分別是幾分幾秒。結果，六成猜想日本人會跑快一、兩分鐘，其他四成才看好台灣人。

四月第四個日曜日（星期天）終於來了，二十三日比賽這一天，一掃月初的綿雨，爆出攝氏三十二度的高溫，卻仍然吸引數千民眾圍觀。全台沒幾部汽車，所以沒聽說有像現在的交通管制。跑道沿邊有報社插的幾百面紅色旗幟。各路「應援團」（啦啦隊）也來助陣，臺中的帝國製糖會社就組了六十幾個人的龐大啦啦隊，連夜揮師北上，為一位姓津村的選手壯聲勢。一群日本小學生揮著紅旗，上寫白色英文字「HS」，為他們城南小學校的老師加油。警察也出動，守衛審判席帳篷，不讓閒雜人等擾亂；西門町那邊的兩個藝妓卻沒頭沒腦鑽進現在的衡陽路和中華路交口的審判席，被警察喝住：「非工作人員不准進來！」沒想到藝妓卻嬌聲嬌氣說：「大人，可以啦！」害警察一時間反應不及，只能苦笑。

早上七點，沖天的四發煙火點燃比賽的緊張氣氛。八點，一堆選手已經擠滿臺北廳前，也就是今天中山南路和忠孝東路口的監察院前面。他們胸前貼著、掛著或縫著邊長都二十四公分的菱形白底黑字號碼布。算一算，日本選手有一百來個，台灣則少少十七人。

台灣人這一組先上場，八點五十四分，槍聲一響，林和與埔里來的原住民周金九、台北的學生潘愛汝、安坑公學校老師胡李成、做生意的林榮朝和台北的農夫黃金水等十幾個人往火車站的方向衝出去了。在他們前面，有一部腳踏車前導，背後另有汽車跟著。胸前號碼布寫著「11」的林和一馬當先，很快把其他人甩開。林和第一圈跑過東門（今景福門）時，出發點這邊的樂隊看見他，就開始大奏進行曲，群眾也拍手喊加油。如此三圈後，林和衝過終點線，成績是五十一分四十一秒。

十點三十六分，換日本組上場。跑最快的藤岡計吉也是人力車夫，在臺北醫院（今臺大醫院常德路舊館）供職，卻比林和慢一分半多，跑出五十三分十八秒。賽後，他與林和同獲總督府第二號大官民政長官和夫人獎贈的花環，又一起搭上汽車，風風光光繞行三線道路一圈。不過，這位二十八歲的藤岡先生心底卻不怎麼服氣，事後跟記者抱怨說，他賽前禁酒色，以蛋補充營養，練習過三次，每次跑完三圈只需四十分，正式比賽失常，都怪有認識的人給他加油，他必須「與之答禮」，才會輸給林和。

這一場馬拉松除林和爲台灣人爭了一口氣，台灣人在賽外賽也贏了日本人。馬拉松賽出發的地方，也就是現在中山南路和忠孝東

一九二〇年的台北市地圖中，雙線圍起來的方型即三線道路。馬拉松賽的起點在右上角的台北廳，然後往鐵道部那邊的北門跑，再穿過西門和南門，路跑方向呈逆時鐘。

淡
水
河
稻
埕
艋
舺
城
内

路口，有一座「大島久滿次」的銅像。大島堂堂六尺，所以主辦單位想出一個餘興節目，讓民眾來比身高。結果，三十七歲的沈賜記勝出。

沈賜記跟林和不同，他是地方要人，時任後壠區長（相當現在的苗栗後龍鎮長），他的兒子沈珮錄戰後擔任過苗栗縣議長，他的孫女則嫁給前國民黨主席吳伯雄的二哥。

沈賜記原本到台北辦事，預定前一晚就回後壠，卻被兩個日本商店的人勸留下來比身高，最後以一百八十六公分多擊敗群雄，比日本人居冠的一百八十公分高出許多。

回頭看這一場馬拉松大賽，我心底湧現一個夢境；在不久的將來，某個四月的第四個星期天，台北可以封住三線道幾個小時，辦一場復古馬拉松賽，請愛跑馬拉松的村上春樹也來熱鬧，大家也逆時鐘方向跑，就以「林和盃」爲名，跨越時空，再

次爲林和加油、爲一個小人物加油、爲台灣人加油。

左：圖中個子較小的是台灣日日新報社的職員，刻意合照，對比出一旁沈賜記的高大。
下：一九一六年當時，台北廳（今監察院）前有圓環，圓環中心的銅像人物身高六尺，於是，馬拉松賽就有比身高的餘興比賽，最後由苗栗來的沈賜記勝出。

王永慶的兩百圓有多大

王永慶事業輝煌，是台灣人的一代傳奇。關於他的故事，莫不從「赤貧」講起，都說是父親給了他兩百元，讓他在嘉義開了一家小小米店，才有日後的台塑王國。

讀報章雜誌，如果眼睛不在「兩百元」稍作停留，一滑過去，那個兩百元眞的很少；買兩個便當，剩下來大概也沒幾個銅板了。但是，如果再仔細多想幾秒，一九一七年出生的王永慶，十六歲自立開米店，那個「兩百元」必須倒飛七十幾年，回去當一九三三年的「兩百圓」。當時，除了不記做「元」，而寫成「圓」之外，「兩百圓」也不是兩個便當可以計量。

一九三三年的兩百圓有多大？王永慶出生的那一年，公學校老師的月薪十七圓；一九四五年，日本統治台灣的最後一年，小學女老師月薪才漲到五十圓。其間的二〇年代，一個南投竹山的警察的月俸爲十八圓；三〇年代，巴士的車掌是時髦的女性工作，台籍的車掌小姐可以拿十五圓。台灣前輩作家葉石濤比王永慶小八歲，他曾說，那個年代，一個月二十圓，「全家即可溫飽」，一個月如有十幾圓，「就很好過了」。所以，王永慶開店的兩百圓資本，大約是一般職業十幾個月的薪水，不算太少，似乎不能以「家貧如洗」來形容。

事實上，王永慶反倒說過，父親是新店直潭山上的茶商，「我家裡還算是小康，所以能夠到布行去剪布回來做衣服穿」。戰前台灣的貧富差距

桃園龜山的台塑企業文物館內，重建了戰前王永慶開設「文益米店」的情景。〈陳信翰攝影〉

頗大，有錢的大地主坐收田租，可以有錢到環遊世界半年一年，但這種人屬於極少數。窮苦勤儉者居多。少年王永慶本來以爲家鄉最窮，出外謀生，目睹漁民生活，「才知道窮苦是多麼普遍」。

戰後初期崛起的企業家有一些共同特徵，像聲寶的陳茂榜、國際牌的洪建全、高雄東南水泥的陳江章、新光的吳火獅、國泰的蔡萬春、台南幫的吳修齊和吳尊賢兄弟，他們和王永慶年紀差距在五歲之內，都只受小學教育，但在當時，已算有「相當學歷」，競爭力猶勝今天的大學文憑。陳茂榜、洪建全、陳江章和吳火獅公學校畢業，分別進入日本人的商店當學徒，因而戰後都有生意和語言能力與日本商社往來，並常閱讀日文書報，吸收新資訊。

一九三〇年代，這些企業家還是鄉下的孩子，十五、六歲，卻各個像小大人，立志出鄉關，到都市打拼。蔡萬春十六歲揮別竹南老家，準備北上時，賣菜的父親給他一圓，加上自己存的一圓九角，總共不到三圓。陳江章十五歲離開家鄉澎湖，到高雄的營建商「湯川組」當學徒時，身上只帶著四圓。吳火獅從新竹到台北，進入永樂町（迪化街區）日本人的布匹進口批發商店，一個月才領三塊錢。陳茂榜則是公學校畢業後，先進日本人在榮町（衡陽路）的書店「文明堂」，店內有售蓄音器（放唱片的留聲機），他學得相

日本時代，中型以上商店的職員中，總有一個稚氣臉孔，公學校剛畢業沒多久，在店內當小工友、小學徒。一九三九年，宜蘭頭圍信用組合（一種地方私營的金融機關，即戰後的信用合作社）的員工合照〈上圖〉中，後排中有個平頭少年，就是打雜工友，一般職員坐著辦事，他是站著〈下圖〉，隨時準備要跑進跑出。

關知識，加上省吃儉用八、九年，存了一百圓，才於一九三六年創業，在台北市本町（重慶南路）開「東正堂」電器行。相較之下，王永慶從父親那裡得到的兩百圓，少去好幾年的血汗。

勤奮是那一代企業家最鮮明的標誌，不論是兩百圓起步，或是四圓渡海，都永遠值得傳誦與學習。只是，兩百圓被拿來當寒微的佐證，顯然是戰前日本時代的歷史不傳，民間記憶不相連續，才會被如此想當然爾。

一九四〇年前後，當今天的二十歲，還是校園裡的大三學生，二十歲的吳火獅已經在台北和宜蘭之間坐民航飛機談生意了。如果感覺不可思議，那真的應該再多瞭解一點台灣的歷史。

【附表】台籍前輩企業家出生年與學歷

出生年	姓名	企業	學歷
一八九六	何傳	永豐金集團	無
一九〇三	何義	永豐金集團	安平公學校
一九〇四	唐傳宗	唐榮鋼鐵	州立台北工業學校
一九〇四	謝成源	台鳳	台北商業學校

一九〇七	廖欽福	福華大飯店	台灣商工學校
一九〇八	莊　福	六福集團	台北商業學校
一九〇八	許金德	南港輪胎、國賓飯店	台北師範學校
一九一一	謝敬忠	功學社	台南師範學校
一九一二	黃烈火	味全	員林公學校
一九一三	吳修齊	台南紡織、統一企業	台南中洲公學校
一九一三	洪建全	台灣松下、國際牌家電	台北漳和公學校（今中和國小）
一九一四	陳茂榜	聲寶、新力公司	小學畢業
一九一四	張添根	國產汽車	台中一中
一九一六	蔡萬春	國泰集團	竹南公學校
一九一六	林玉嘉	台玻集團	高雄商業學校
一九一七	王永慶	台塑集團	新店公學校
一九一七	辜振甫	台泥和信集團	台北帝國大學
一九一九	林挺生	大同集團	台北帝國大學
一九一九	吳火獅	新光集團	新竹第一公學校
一九二〇	陳江章	東南水泥	澎湖馬公第二公學校畢業，到高雄工作後，再入公立高雄商工專修學校夜間專修部珠算科、商業科畢業
一九二三	高騰蛟	義美食品	台灣商工學校
一九二七	徐風和	厚生橡膠	上海聖約翰大學
一九二七	張榮發	長榮海運	基隆壽公學校（後一邊工作，一邊到台北高商附設商業實踐講習所學習）
一九二九	蔡萬才	富邦集團	台大法律系
一九三三	辜濂松	中信集團	美國紐約大學碩士

辜家豪門鑽石失竊記

鑽石璀璨奪目，價格昂貴，如珠寶界的皇后，貪盜與之糾纏，勢屬必然。當今以鑽石爲貪瀆或洗錢工具的情事，日本時代還沒聽說過，不過，鑽石已開始成爲小偷揹包裡的贓物。

十九世紀南非礦場被發現並大量開採後，鑽石開始從皇族專屬品下凡到平民社會。二十世紀前期的台灣，談不上有鑽石熱。但全球到處有開採熱，地球表面的小角落，總有人努力要從地底下找出煤、金和鑽石等等賣錢的東西。一九一八年，有個姓岸田的日本人就在阿里山山區發現鑽石礦，驚動到總督府也不禁派技師入山一探究竟。

之後，沒聽說傳出好消息，岸田應是一無所獲。台灣沒有鑽石礦，但民間社會已經一閃一閃，看得見鑽石光芒。

日本時代，最有爆點的鑽石新聞是辜家豪門驚傳被盜。一九二一

辜顯榮（前右一）在日本時代既富且貴，是第一個獲任日本貴族院議員的台灣人。圖中後排左一是其左右手余逢時，曾任平溪庄長。
（余洪達提供）

年七月二十五日，台灣重要官商聚集在大稻埕一家戲館開惜別會，歡送總督府第二大的官員卸任。中信集團辜濂松的祖父辜顯榮也在席間。突然，一封電報送來，一看，拍自鹿港家裡。事非小可，家藏的鑽石、珍珠和金子，價值兩萬多圓，不翼而飛了。當時兩萬多圓的價值感，大約等同現在的四、五千萬元。於是，辜顯榮隔天一早趕緊殺回鹿港，搭乘當時最快的交通工具——火車。

很快，珠寶空箱在相隔七、八戶之外尋獲，小偷卻遲遲沒抓到，八卦耳語立即補位搶進。市街謠傳辜顯榮的大女兒之前就偷偷給過男朋友六百圓，這次一定又是她讓男朋友巧扮外賊云云。當時不能自由戀愛，說有男朋友已屬嚴重污

辜顯榮在台北（上圖）和家鄉鹿港（左圖）各有豪宅。

對鹿港辜家漂亮的大房子，一般人可能只敢遠觀，但貪慾卻足以誘惑小偷，不畏後果，潛入豪宅的最深處，偷取貴夫人的鑽石珠寶。

辱，何況還被懷疑協助偷竊，辜顯榮簡直氣炸了，怒斥說，辜家爲舊式家庭，大女兒「未嘗一步」踏出閨門，而且品性方正，家裡貴重珠寶和現金都歸她掌管，如果眞要偷，爲什麼不選現金或好變現的金條，卻要偷難變現的鑽石珍珠呢！報紙最後幫忙嘆道，謠言就是這樣，有這些說法，卻查不出從何處來，正如台灣俗諺所指，胡說八道，不需要本錢。

事發一年多之後，有三個男人在基隆租房子，還藏一堆金銀珠寶，行跡可疑，警察帶去盤問一番，案子終於破了。小偷蕭梅林也是鹿港人，單獨作案，手法一點也不稀奇，從後門潛入而已，但因苦主是大戶人家，頓時膨脹成報紙上的「大賊」，最後被判刑三年。鑽石則早在台北銷贓，經轉鑲成戒指，變成池田太太的珠寶了。

一九三二年，摸進基隆大煤商顏家少爺豪宅的小賊就聰明多了。趁少爺顏德修全家吃午飯時，閃進臥室偷走九百圓的現金和一百多圓的金子，價值兩千圓的鑽石戒指兩枚和白金手鐲反而丟在隔壁的日式房間。不碰難變現的鑽石，內行小偷果然逃之夭夭，逍遙法外。

日本時代，鑽石很少見，像基隆顏家這種富商，才會有給媳婦訂婚鑽石耳環，或者像霧峰林家這種豪族，才會從香港買鑽石，爲女兒出嫁壯行頭。一九三三年，高雄市北野町（今富野路一帶）八歲的陳姓小男孩，曾在戲院前撿到一只鑲鑽的白金戒指，媽媽收爲己有，本來無事，但一去找人鑑定，馬上被警方獲悉，捉去問話。那個年代，普通人家擁有鑽石顯然是一件不尋常的事。

台灣最貴單身漢

台灣第一個留美學生叫李延禧，胡適一九一〇年剛進康乃爾大學農學院時，他已經準備從紐約大學商科學成歸返台北。不過，胡適十三歲奉命訂婚，二十六歲奉命結婚，李延禧卻是虛歲四十，同年齡的台灣男人陸續當阿公了，他還不急娶妻，而且，論家世、財富、人表，李延禧的條件堪稱全台第一，是日本時代的台灣最貴單身漢，何以不結婚，搞得台北人滿肚子問號。

一八九〇年代到一九二〇年之間的台北首富李春生正是李延禧的祖父。李春生賣茶致富，不動產散落台北各處，看李家後人現在手指著台北市地圖細數舊日風光，台北市彷彿他們家的一張地契而已。中山南路以前是台北城牆，隔著牆兩側，濟南路這邊，台大醫院那邊，曾經都是李春生的地。北美館到圓山站那邊，也有好大一片。西門町這裡那裡，現在還是李家所有。迪化街一帶更是家族基地，淡水河畔有過一棟西式豪宅，李春生就住那裡。一九一四年報紙曾有這樣的報導，台北城內的府直街（今開封街）鬧火災，延燒三十幾戶，其中有十七戶是李春生的。難怪李家後代在地圖上指南指北，講了很久，還一直講不完。

一八九六年，台灣第一任總督樺山資紀返國述職，順便邀請李春生同船赴日觀光考察，李春生也順便帶幾個孫子去東京唸書，李延禧因而十三歲就成了總督軍艦上的小貴客。

李延禧出身台北首富之家，是台灣第一個留美學生。

李門一群孫輩，以李延禧讀書最成氣候，當所有十七、八歲台灣男孩子紛紛結婚生子，他的人生卻才剛起帆似的，他開始外遊留學，也開始成爲報紙追蹤八卦的名人。

一九〇一年，當絕大多數台灣人還不知現代學校爲何物的年代，李延禧返台暑休，記者就精心介紹他唸的基督教會中學「明治學院」（今私立明治學院高等學校，位於東京白金台），由英國老師教英文、上課「有一定點鐘」、「分班授課」、成績優等者「有贈與珍物」。學校裡還設博物室，天上飛的，地下潛的，無所不有。

李延禧的向學精神也被記者添了一筆。本來李父提議，福建馬江機器局也有英語學校，

明治學院正準備於二〇一三年迎接創立一百五十年。校園內仍留著許多李延禧當年熟悉的洋風建築。

不必捨近求遠去東京。李延禧立刻嚴肅告訴爸爸，閩地有小蘇州之稱，煙花爛漫，容易沉迷，何況，有心唸書，哪裡還怕路途遙遠。當時的豪門貴公子大可拍拍屁股，隨時把書本丟開，回家享受現成的優裕。李延禧確實胸懷不同，在日本唸完中學，又到更遠的美東，成爲台灣留美第一人。

一九一一年，中國那邊，民國還沒開張，台灣這邊，明治也尚未結束，李延禧已學成歸來。船靠基隆，家裡派人去碼頭接，一用台語問他有幾個行李時，他的美國舌頭竟然一下子無法換頻，只好搬出手掌，數指頭給來人看。

這位去國多年的貴公子，氣息也換了。一九一六年的舊照片裡，三十三歲的李延禧一雙深眸，頭髮微捲，俊得像明星；打的「Ascot」領帶，比蝴蝶結還風雅；皮鞋尖頭又高跟，時髦到百年老照的沉黃也壓不住，真可謂台灣一代紳士。

不過，英俊少爺還有一點與人不同，父親幫他相親選太太，一而再，再而三，他都以不急爲辭推阻，而且，一拖就到四十歲，李父都病故，他還是孤家寡人一個。報紙忍不住八卦說，李君的婚事「遂爲家庭與社會之謎」。暗地裡，大家閒嗑牙，有人驚訝他竟是

「無妻主義者」，有人料想他其實娶了白人，有人揣測他的太太是日本人。

二十世紀初，西方思潮衝擊東方讀書人的舊頭腦，像中國前總理周恩來，都曾抱不婚思想，不過，就像一位年近知命而「變節」的日本文人所說，無妻只可一時，不可終身。周恩來之後娶了革命同志鄧穎超，李延禧也半途棄守了。

新娘三好百合子幾乎可當他的女兒，才二十一歲，出身名門，日本前檢事總長（檢察總長）、大審院院長（最高法院院長）三好退藏是她的祖父。百合子的父親三好重彥留學歐美，曾在台灣總督府外事課任職，和李延禧同喝過洋墨，自然結爲知交。三好重彥眼見好友年屆不惑還不結婚，有一天主動表意要把女兒嫁給他，李延禧的獨身主義便被打破了。

一九二三年李延禧在日本結婚，隔年初春一攜眷回台，記者馬上又興沖沖跑去河邊李家豪宅一探究竟。在記者筆下，採訪那天的天空不叫灰色，而是「薄墨色」，毛毛雨也寫成「絹絲春雨」，如此詩意，似乎要用來搭配豪宅內的鋼琴、漂亮的花崗岩和新婚夫婦的喜悅。

台灣人自辦的第一家銀行「新高銀行」開幕第一年元旦。桌邊右側坐者第一人為李延禧，左上角有新高銀行的看板，左邊第一人則是專業經理人「小倉文吉」。

一九一〇年代，新高銀行職員在大稻埕的留影。中央兩磚柱之間的前面三人，自右到左分別是李延禧、延禧之父李景盛、小倉文吉。

李延禧對記者笑稱，返台搭的香港丸，在海上顛簸得厲害，不知甚麼力量，他和太太竟然都沒有暈船，「不可思議！」百合子則是滿心感謝，她說，之前和母親從鎌倉家裡到三越百貨公司採購結婚用品，那一天剛好是一九二三年九月一日關東大地震來襲，她們一回到家裡，房子早已垮了，都是這個婚姻救了她。

兩年後，報紙又寫，百合子在台北醫院（今台大醫院）「產下一位宛如掌珠可愛男子」。除皇室貴族以外，報導名人生子，幾乎史無前例，可見李延禧受到關注的程度。

從報紙看，李延禧的婚姻幸福美滿，不過，從他的生命史看，婚姻開始時，事業已過去。

單身的那段日子，李延禧協助父親籌創「新高銀行」，事業巔峰一直推高。一九一五年十二月十八日下午兩點，台北的大商人齊聚火車站對面的鐵道旅館，算一算，九十八位。坐下來，一眼望去，今中信集團辜濂松的祖父辜顯榮最爲魁梧，特別吸睛。但眞正的主角還是李延禧的父親李景盛，他被推爲「頭取」（總裁、董事長），台灣人自辦的第一家銀行「新高銀行」（The Nikata Bank Limited）就此誕生。

新高銀行主要客戶爲各地台籍茶商，取代舊式錢莊，給予融資。創立資本額五十萬，換成今天的錢，大約十億上下。那時正逢歐洲陷入第一次世界大戰，景氣好，新高銀行也一路擴大資本，每次到鐵道旅館開股東會，都有好消息，一九一九年已增資到八百萬了。

李延禧最早擔任新高銀行的「常務取締役」（常董），跟著父親到汐止給當地商家說明貸放業務，又到高雄主持分行開幕，雖是次子，儼然李家第三代接班人。不過，局勢萬變，一九二二年中，父親去世，他接任新高銀行的頭取。此時的國際景氣衰頹，倒風吹起，許多

李延禧的母親陳款在台北上流圈非常活躍，曾和日本人一起在大稻埕開「愛育幼稚園」，擔任副園長。

張我軍（左一）一九二〇年代初期在鼓浪嶼和新高銀行同事合照，廈門支店長林木土（前排右四）即是把張我軍帶到中國的人。

日本的銀行被迫整併。在台灣，就有新高銀行和嘉義銀行併入台灣商工銀行（今第一銀行前身）。板橋林家的林爾嘉因此虧損四十幾萬，李延禧更悽慘，幾乎破產，從此移居東京，其中不無幾分落寞隱避的味道。

新高銀行被消併，毀了台灣第一位留美學生李延禧，卻造就了台灣第一個寫白話新詩、第一個開罵台灣舊文學的作家張我軍。

張我軍本名張清榮，板橋公學校畢業後，到台北的鞋店當小學徒。一九一八年有一天，小學老師林木土到鞋店裡，兩人重逢，張我軍很快換到新高銀行當十六歲的小雇員。後來，林木土升任新高在廈門支店的支店長（分行經理），張我軍也跟去廈門。若不是一九二三年新高被併，張我軍被迫離開廈門，前往上海和北京，他不會接觸白話文學，也不會對準家鄉的天空，射出炮打舊文學的第一彈。

一九二四年的張我軍火氣不小，連番寫文章痛罵台灣文學界，「還在打鼾酣睡」，幾十年來，「日本文學猛戰的砲聲，和這七八年來中國文學界的戰士的呼吼」，台灣完全痲木。張我軍還稱那些埋頭吟詩作對的儒紳是「不良老年」、「蠢貨」，「只在糞堆裡滾來滾去」，他們的詩文沒有文學價值，八股文章只是「替先人保存臭味」。

眞是孰可忍，孰不可忍，台灣這邊一堆詩社夫子馬上不甘示弱。有一位吳先生在日文報紙的漢文版罵道：「一郎一郎（按，張我軍的筆名）。喪心病狂。敗草欉。舊殿稱堂。滿篇呢嗎呢自道好文章。人觀話文爲退化。汝視進步已反常。不然即是五官顚倒置。眼睛生在腦後或偏傍。」兩邊就這麼拿著小扁鑽戳來戳去，如此兩年，人稱「新舊文學論戰」。

新高銀行把張我軍從鞋店調往文學之路，也把李延禧移去東京，在東京的李延禧卻因而以其豐沛人脈，幫助了如潮湧去東京的台灣留學生，例如前輩畫家陳清汾即因李延禧引介，拜入名畫家有島生馬門下，並隨有島遊歷巴黎，才有畫作入選巴黎美展的成績。

李延禧後來的人生故事，如遠去的風，聲音漸小，知道的人也似乎絕跡。或許，要倒過頭來，從日本才能找回台灣第一個留美學生的最後身影。

美國鳥人到台灣

一九〇三年底，美國萊特兄弟在北卡羅萊納州駕馭飛機，如鳥飛行十二秒之後，全球的天空都寂寞了；每一個天空開始伸長脖子，翹盼人造的大鳥飛上來。

等了十一年，日本飛行家野島銀藏解了台灣天空的盼望之渴，並引爆一波青少年玩模型飛機的熱潮。

又過了三年，一九一七年盛夏，美國的史密斯（Art Smith）更使出絕技，大玩台灣的天庭。地上一位謝姓中學少年仰頭癡迷看著這神妙的天戲，暗自立願，三年後，他成爲第一位開飛機的台灣人。

史密斯啓發了謝文達，也爲台灣人的航空史揭幕。

史密斯和謝文達一樣，十幾歲就懷著航空夢。讀完中學，跑去印地安納州的機械工廠做飛機模型，動心起念要當飛行家。媽媽驚嚇不已，搖頭不准，爸爸卻同意抵押房子，跟銀行借出一千八百元幫他實現夢想。沒幾年，史密斯就蛻變成冒險飛行的特技表演家，被家鄉人暱稱爲Bird Boy（鳥人）。鳥人的名氣很快從各州擴散到全美，又漂過重洋，成爲世界有名的英雄偶像。在還沒有星光萬丈的好萊塢年代，史密斯根本就是個好萊塢巨星。

一九一六年和一九一七年，日本高價請史密斯兩度到日本巡迴表演，才有訪台之行。史密斯的飛機沒有鐵殼，飛行員裸露在前頭，雙手握著一個兒童腳踏車輪一般的駕駛盤，兩腳清楚踏在前方，兩隻皮鞋朝天，鞋底向著前方，跟機身一比，顯得更大。駕駛員後有兩上下兩翼，讓飛機更神似巨人國裡的蜻蜓。以今天的眼光看，當時的飛機根本是一架超大的模型飛機，可組可拆，組合需兩個鐘頭，拆卸只要一個小時，由兩名美籍機械師和三名助手負責。所以，當一九一七年六月二十九日史密斯與媽媽一起登陸台灣，並非開飛機來的，而是搭船從基隆上岸。

依記者報導，史密斯原本想像台灣滿落後，像日本部分港口一樣，船無法直接靠港，需小船接駁，沒想到船一靠基隆港，就直貼水泥岸壁，此爲史密斯來台的「劈頭第一驚」。

053 美國鳥人到台灣

報紙漫畫「鳥人史密斯和台灣」，以誇張玩笑的文字說明：1. 指雷公的兒子被史密斯的飛機馬達聲吵得哭鬧不停；2. 指在河邊洗衣的台灣婦女被飛機嚇得急忙逃走，河邊還立了一個牌子，「此處危險禁止洗衣」；3. 指史密斯在台灣上空，可以眺望日本富士山，獨享其絕色好景；4. 指原住民以為上帝降臨，嚇得不能自己，只能跪地膜拜．5. 說一般國民抬頭望天空，脖子都直了。

上：史密斯到日本和台灣表演時，母親都隨行。
下：史密斯到日本各城市表演飛行，所到之處，常見發行紀念明信片，並蓋上紀念戳章。

史密斯一行馬不停蹄，從基隆直奔往南，第一場表演選在台中的陸軍練兵場。

隔天早上九點，晴空萬里。兩萬人湧入練兵場，其中有八千名是學生，台中中學的謝文達就擠在裡頭。現場望去，有幾十個帳棚圍在三邊，大略呈ㄇ型。

以前大型戶外活動都倚賴煙火，兩次煙火發出，大家知道表演節目即將開始，紛紛靠攏。

史密斯扶著四十七歲的媽媽現身，立即引起一陣歡呼。史密斯並不如印象中的高大白人，體型跟日本人差不多，美國TIME雜誌還曾用short來形容他。台中陽光下的史密斯，紅顏白膚，身穿淡藍色的襯衫，頭戴深藍色格子打鳥帽（鴨舌帽），胸前掛著許多飛行紀念胸章，二十四歲還像媽媽的大孩子。

稍事休息，史密斯再度走出來仔細檢查場地。十一點十分，他親吻媽媽，而後矯健登上飛機。

飛機兩翼表面漆黑，內裡塗紅，搭配起來，讓人不禁想起台灣俗語所說「紅水，烏大扮」（紅色漂亮，黑色大器）。上翼的表面則寫著白色英文「ART SMITH」，正是史密斯的名字。

十一點二十一分，一開始滑行，才幾公尺，就乍然離地，扶搖直上。觀眾又是反射性歡呼。不一下子，飛機就只剩天空裡的一個小點。

突然，機翼噴出兩道黃煙，隨即逆著飛、左著轉、右著旋，一下子又俯衝直下，像失事墜落一般，嚇得觀眾「驚汗如雨」。其他特技還有機尾朝下飛行，另有「接吻飛行」，即離地兩、三尺貼著地表飛，無一不博得滿場喝采，雷震天地。

激動、震撼、神奇、讚嘆之外，對台中寶町（今市政路一帶）的日本年輕人小野春雄來說，看史密斯飛技表演，卻添幾分失落。小野寫了一封請求信，熱忱之至，蓋上大血手印，祈求史密斯載他飛天。依今人心理，這傢伙八成想貪便宜，搏一次免費載人升空的機會。其實，這樣的請求附帶著高度風險。一九三四年，高雄岡山人楊清溪駕駛飛機，就載著大稻埕米商王得福，當天楊墜機身亡，王得福也殞命了。

前一年，史密斯不斷在日本各地表演，就收到粉絲的狂熱血書，平均一天十幾封，聲稱願賭上生命，也要一嚐如鳥縱橫天際的

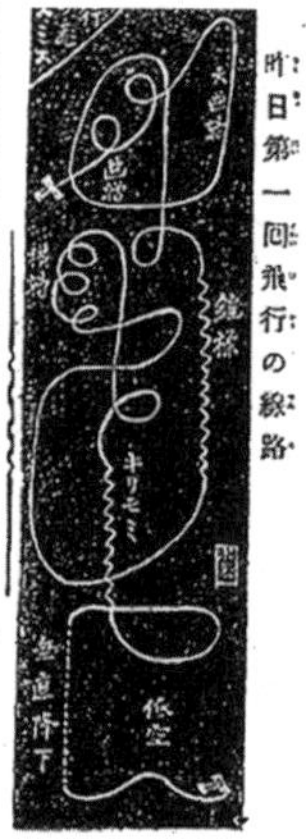

左：台北一家商店藉史密斯的照片哄抬，指鳥人大受歡迎，他們的貨品也好評不斷。
右：報紙還畫圖，說明史密斯飛行表演的路線，供讀者想像。

滋味。史密斯一概婉拒，他認爲，飛行就是要安全，而不是要賭上性命的決心。

史密斯果然是年輕小伙子，精力過人；來台飛行秀南北都有，台中結束，緊接嘉義、台南，每地都是午前午後各一場，表演完畢，就搭夜車殺到下一個目的地。七月四日，最後一站台北的表演即將登場。清晨七點半，台北廳長加福豐次已在火車站等候。史密斯從台南趕抵台北，隨即帶媽媽入住站前的鐵道旅館，技師們則直奔古亭庄練兵場（今青年公園），進行組裝飛機的準備工作。

台北場果然壓軸，比台中更盛大，單台北學生就兩萬人，桃竹苗學生也不願錯失大開眼界的機會，紛紛搭火車前來。只見老師帶著仁丹，學生帶著水壺和汽水，一團一團灌入新店溪旁的大綠地。鐵道部配合此萬人級的活動，特別加開臨時班車，票價還打七折。市區北門街（今博愛路兩邊）腳踏車店「魁輪舍」頭腦也動得快，在入口左側，提供免費腳踏車給需要的觀眾，藉機宣傳打廣告。

觀賞台北場的入場券分兩級，一等一圓，約等於今天一、兩千圓的價值。學生軍隊不收費。價格不低的觀覽費，只因史密斯不是慈善家，不是玩命飛給大家看新鮮而已，他的價碼爲一地五千圓。如果以當時到戲院坐最高級的位子看「活動寫眞」（早期無聲電影），要花兩角，而現在看電影，貴者兩百六十、兩百八十來感覺，當年史密斯抱得五千圓歸，跟現在進帳六、七百萬差不多。

台北的白天場次，表演內容和其他各地大同，全程飛了十四分鐘，一樣是鑽入雲裡，觀眾忍不住拍手大叫。但這一次進場，史密斯和媽媽同乘鐵道旅館的汽車，車上有美日兩國的國旗交叉掛著。史密斯照例仔細檢查場地，最後他要求拆掉南邊一段柵欄。登機表演前，史密斯把鴨舌帽轉過來反戴，報紙記者嘆曰，不修邊幅，「至極無造作」。

這一天，史密斯似乎心情特別high，白天飛完，覺得在空中看台北，淡水河如一條銀線劃過，俯瞰台北的洋風建築，滿有人在家鄉的溫馨。或許，也是那天正值美國國慶日，思鄉病特別蠢動。總之，史密斯決定爲台北人加演一場免費的夜間飛行秀。

這一天，農曆十六日，夜裡月明而圓，天無纖雲。一樣的練兵場，人潮退去，現在只剩兩百個相關警備人員提著燈籠，微微的光照著草浪，蟲鳴聲更襯托空寂。然而，史密斯卻是靈巧活潑的一如白天，未見一絲疲態，摩拳擦掌準備再度征服天空。

史密斯第一場在台中表演，除了冒險飛行演出，他也帶了稀奇的「豆自動車」（小汽車）亮相，以饗觀衆。

A Smith (1894-1926)

一飛離地面，機翼就開始噴出火花，愈到高空，火光更亮，時紅時青。從地面仰望，機尾拉出長長的光，眞如目睹一條火龍飛翔。據報載，大稻埕、艋舺和城內，這三地民眾跑出屋外觀賞的，「人如山積」。那一夜，台北眞如異界吧！

史密斯很高興說，回家鄉，將可以驕其同胞，在遙遠的東方亞熱帶，他曾以夜空火龍遙祝國慶。

史密斯留給台灣一九一〇年代無限美好回憶。當他飛到台中東勢上空，老少驚奇奔出，據說一位眼盲老人也跟著跑出來，要小孩牽著他，完全忘記自己甚麼也看不見。又據說捏自己屁股的原住民很多，因爲原住民目睹飛機，疑在夢境，風俗上，可捏屁股試夢，痛就知道不是夢。

史密斯後來投入美國早期的航空郵務，一九二六年二月，一次從芝加哥飛往紐約的航程中，這位台灣媒體口中的「空中的拿破崙」、「偉大的天空征服者」意外撞上樹叢墜落慘死。消息晚了兩、三天傳來台灣，憶起他在台灣夜空所創造的燦爛，想必人人不忍聽聞，寧願台灣永遠不要收到這則遲來的新聞電報。

明治元勳欠錢記

一九一四年，奧國皇儲斐迪男在塞爾維亞遇刺，第一次世界大戰開打了；民國才第三年，夏目漱石正鬧著胃痛，蔣渭水還在總督府醫學校唸書，李登輝則還沒出生。

再過幾天就聖誕節，但對當時的台灣人來說，那是天外之事。

十二月二十日，天該冷，卻意外溫暖。桃園的一個保正（村長）劉清奇來到今天台北火車站館前路上的鐵道旅館。午後，旅館前人車雜沓，六百多位台灣各地的官人紳士陸續湧入，前腳接後腳，把旅館門口碎石踩得叩叩響。

劉清奇的身分地位在幾百位賓客中算小的，但赴會前特地去剪掉後腦勺的辮子，放大了他的角色。其實，前衛的士紳學生早在兩、三年前就理成西式頭了，劉清奇稍嫌慢了拍，然而這一天，台灣同化會即將成立，男人不再留辮子，女人不再綁小腳，是同化會最起碼的目標，劉清奇因此成了當天應景的模範生。

鐘指兩點，樂隊聲起，全員起立，日本國歌「君之代」聲歇，倡立同化會的板垣退助伯爵拄杖上台。他熱烈說著白人如何跋扈，在加州、在澳洲都排斥非白人；爲防堵西方勢力入侵，日本應和中國保持友好關係，非以台灣爲中日的橋樑觸點不可。

現在讀起來似乎不特別動聽，當時台灣士紳階層對板垣伯爵卻異常激動。特別板垣曾在同年春天來台時，演說訓斥在台的日本官方，要把台灣人當弟弟，不可以老一付征服者的姿態，另一邊，也期盼台灣人敬重日本如兄長。這一說，完全說進台灣人的心坎裡，甘得中說，「如被虜孤兒，聽到慈母之音」，整個依賴之情都丟給老伯爵。等板垣要回日本，聽說滿滿一皮箱台灣人的感謝狀和陳情書。

三十九歲的樹林區長（鄉長）黃純青，也就是現今力晶半導體公司董事長黃崇仁的祖父，更曾在台中當著眾人，張開他那十指全都螺紋的手，一刀畫過指頭，以指做筆，以血充墨，寫下同化會如慈母之意的血書。

那個年代沒聽過甚麼引火自焚或絕食抗議，孔聖人教的「身體

黃純青（前排右一）曾以指做筆，
以血充墨，寫下同化會如慈母之意
的血書。

髮膚受之父母」，倒言猶在耳。身高不到一六〇，體重不過五十公斤，自述「形如瘦鶴」的黃純青會如此激情演出，眞是夠嗆的。

板垣退助在日本大有名氣，戰後日本被美國佔領統治七年，一恢復自由，百圓紙鈔馬上使用板垣退助的肖像。看著板垣那兩撇長長的倒V白鬚，既搞怪又異類，似乎他一吐氣，風吹鬚動，自由的空氣就騰飛起來。

板垣年輕時，帶兵討伐過幕府，擊敗幕府派的會津藩，才有所謂的明治維新，所以，報紙常介紹板垣是「明治元勳」。板垣對日本民主政治的意義更大，因爲他創立了日本第一個政黨「自由黨」。走進今天日本的國會議事堂，一過玄關，中央塔下內部的四個角，有三尊銅像高高站立，三人都對日本議會政治有重大貢獻，板垣退助就是其一。

板垣初任自由黨黨魁時四處演講，跟孫文寫三民主義一樣，跟平民百姓講「人生而平等」的觀念。板垣的論調自然讓天皇君權體制如芒刺在背，看不慣板垣的眼睛藏在各個角落。一八八二年，板垣來到岐阜，在一處室內與三百位聽眾演說兩小時，講到喉嚨發痛。傍晚六點半散場，板垣一走出來，還在玄關穿鞋，一個姓相原

右：戰後初期，日本百圓紙鈔人物就是板垣退助。
左：林獻堂一九一〇年代的模樣。

的二十七歲教員突然竄出，大叫：「將來的賊！」左手一把抓住板垣的右臂，右手拿短刀迅速刺向板垣的右胸。據後來板垣自己監修的黨史記載，遇襲的板垣當下忍著痛苦，睥睨刺客而高呼：「板垣雖死，自由不死！」

雖然當年朝日新聞的「遭難第一報」指出，當地的自由黨員大野宰治郎揮著男兒淚說了這句話。然而，歷史舞台劇也不能免俗，偏愛大卡司；大家寧願這句名言歸於板垣，一代人物有了最佳的台詞，更能爆出無比的戲劇張力。

板垣會來台灣，是台灣人邀請來的，不過，故事要從中國的梁啓超談起。

殖民統治不公平、不平等，很多台灣人覺得精神痛苦。霧峰林家的豪紳林獻堂勤讀中國的報刊，崇拜著梁啓超。一次日本旅行中，在奈良一家旅館巧遇梁啓超，雖然，林獻堂聽不懂梁啓超濃濃廣東腔的北京話，秘書兼翻譯甘得中的北京話也七零八落，他依然興沖沖以筆談方式，向梁啓超討教抗日大計。

梁啓超告訴林獻堂，三十年內，中國絕對沒有能力救台灣，台灣人應該學愛爾蘭人。愛爾蘭早期抗英，每搞暴動，英方就以警

板垣老伯爵（前排左三）來台，受到台灣各地的士紳歡迎，在中部，也接見了霧峰豪族的林獻堂（小女孩正後方、持帽、著西式禮服）等人。

察或軍隊鎮壓，犧牲者眾，毫無效果。後來，愛爾蘭人改變策略，結交英國朝野，反而得到參政權。甘得中回憶當時他們聽了，覺得「眞是妙不可言」。

林獻堂個性溫吞，自然歡迎梁啓超的指導棋，寧可迂迴跨海廣結日本要人，也不去跟總督府硬碰硬。至於該找哪些日本權貴賢達，相了半天，林獻堂覺得板垣退助「以自由黨名，肇造政黨政治之基」，又爲「全國上下所崇拜者」，是最佳人選。

林獻堂當面邀請板垣，一九一四年冬天，板垣退助果然帶著七位幹部，宛如八仙，渡海駕臨台灣，行李箱還裝了一個偉大的計畫，就叫「成立台灣同化會」。

從基隆搭火車抵達台北火車站，板垣受到總督以下的大官商民熱烈迎接。從火車站到下榻的鐵道旅館，不過三、四百公尺，還是熱鬧滾滾，坐上馬車，很有國家元勳的派頭。

一開始，在台日本人和台灣人都歡迎同化會，但套現在流行的話說，其實，一個同化，各自ＯＳ。台灣人的同化美夢是「我們要和日本人一樣」，可有參政權，可當高官、可與日本人自由通婚。日本人腦子裝的同化卻是「你來跟我一樣」，主張台灣人應改掉陋習舊規，蛻變成真正的日本人。台中地方法院院長渡邊啓太就在同化會上拼命說過，台灣下階層人很難同化，他去山地旅行，雇了台灣人當苦力。那個苦力竟然用手擦鼻涕，鼻涕又塗在皮箱上；別人在談話，苦力也從人家面前走過，毫不知怪，讓他火冒三丈。

板垣炒熱了台灣人的情緒，給台灣人畫了好大一張甜餅，在台日本人愈看愈不對，害怕台灣人浮動搞擴權，反對聲浪不斷。事後，板垣對同化會也沉默了。一個刺激台灣人自覺與民主意識的組織，存活一年又六天後，被總督府以寥寥幾字勒令解散，理由只有四個字——「有害公安」；像一個營養不良又乏母親照顧的嬰兒猝死，且被草草埋葬於荒涼的山野。全台沒有為之騷動不滿，連一點

上：日本人自有一套文化與生活習慣，來台灣不是入境隨俗，而是期望台灣人變成日本人。
下：多數日本人認為台灣人有許多舊規陋習，很難立即與日本人同化。

唏噓都沒有殘留，同化會就這麼化成一道風，散了。

突然，兩年後的夏天，又冒出同化會的消息。原來板垣退助伯爵入住的台灣鐵道旅館是最貴的洋式飯店，去動物園玩才要三錢，在這裡吃個早餐要一圓，也就是一百錢，吃晚餐則要兩百錢。板垣訪台三十幾天，有二十四天住在此地，住宿加設宴，自然所費不貲，算一算，總共一千兩百零四圓。退房當時，付了幾百圓，還欠七百六十六圓七十五錢，本來說回到東京即來繳清，卻久久不見人影。後來交涉延期付款，也遲遲沒有下文。鐵道旅館念及板垣的地位，拖了兩年多，最後仍向台北地方法院提起民事訴訟。毫無疑問，白紙黑字的帳，板垣敗訴了。

堂堂一位伯爵，竟然無法繳付區區七百圓旅館費，也沒有人挺身買單。其實板垣來台當年虛歲七十八，不僅退隱政壇已經十四年，還曾以民主觀點，拒絕天皇賜封的伯爵勳位，搞得其他幾百個侯公貴族如細砂在眼睛裡磨，好不舒服，罵他是拒絕皇命的國賊。板垣在日本，早成過氣的非主流。來台前幾年，自由黨人提議在板垣家鄉建壽像，並爲他籌措養老金，結果在本籍高知縣預計募集一萬元，都無法如願。黃純青曾在同化會上奉板垣爲「菩薩」，事實上，板垣老伯爵可能根本已成一尊泥菩薩。

話說回來，不論梁啓超有沒有教對辦法，林獻堂有沒有找錯日本權貴，同化會確爲台灣人非武力抗日的開端。往後一、二十年，林獻堂一直以相同的溫和態度，尋求日本本國勢力的義助，其結果也就相去不遠，表面熱鬧，內裡無力，始終難以撼動殖民統治者。

禁吃大蒜迎親王

是誰這麼大牌？

他只不過遠遠的，坐在馬車裡，馬蹄聲扣扣扣，慢慢行過，官廳就禁止所有人事前吃大蒜，免得呼出臭氣，令他眉毛不悅地皺起來。

他沒有姓，一如日本天皇，大家稱他「閑院宮載仁親王」。他的四哥久邇宮朝彥親王當時有個小孫女，就是日後的昭和天皇的皇后良子。如果按照民間親族關係來說，裕仁天皇要叫他叔公。裕仁那一年七歲，這位叔公也才四十三歲。閑院宮還有兩個侄子娶了明治天皇的女兒，在日本官員眼裡，自是高貴得好像天上來的人。

一九〇八年，台灣總督府花了兩千八百萬圓和十年的時間，遇山開隧道，逢溪建鐵橋，好不容易在地圖上，台灣西部終於多了一條黑白線，人們可以搭著鐵道，一路從基隆到打狗（高雄）。十月二十四日即將在台中舉行「全通式」，爲了史上珍貴的一刻，總督特別跑了一趟日本，廣邀政商社會各要人來台參加典禮，以增添光彩。

一百五、六十位的渡海貴客名單，若是一塊紫絹，閑院宮的皇族身分就是絹上一枚全金的大菊，其他客人只是雜紋，陪襯而已。

一九〇八年，閑院宮載仁親王來台當時，報紙出現親王著軍裝的照片，並加了漂亮的圖框。

加上他不只待在台北，還要南下台中，台南、打狗也都要去視察，官方壓力大到碎碎唸，對台灣人社會三令五申，一大堆的不可以要大家注意。牛不可以跑到鐵軌邊；男人的辮子不可以纏繞在頭頂，要綁好垂下來；好好的天氣，不可以戴斗笠或撐傘遮陽；不可以爬到樹上、牆上、牛車上、屋頂上亂看；不可以把小孩放在肩上「拜觀」。拿起望遠鏡，想把皇親國戚的尊容瞧個清楚，也在禁止之列。

閑院宮入住當地，「白痴瘋癲」，或有強盜、偷竊、賭博前科的也不准外出，保正（村長）要負責管控。這個禁令讓「王長興」之名一夕間變大，被指爲是一個「顚狂」的危險人物。他才二十二歲，一度在政府機關工作，不久辭掉了。總督南巡阿里山，他「曾在途中提出訴狀」，民政長官年中到阿里山，他「故態復萌」，官廳乾脆把他抓來關幾天，免得又攔路請願請出狀況來。

總督府接待閑院宮，誠惶誠恐，也因日本佔得台灣以來，已進入第十四個年頭，第一次有男性皇族非爲軍事來台訪遊，總督府必須負責招待。而且，閑院宮的同父異母哥哥北白川宮能久親王，一八九五年以指揮官身分率領軍隊接收台灣時病逝，總督府承擔不起皇族再有差池的罪過。

總督府此番照料閑院宮的飲食起居，比現在招呼總統病房的VIP病人還仔細。載仁親王下榻總督的官邸（今台北賓館），餐食不必擔憂，牛奶卻特別提心。當時，日本已西化四十年，閑院宮又曾經到法國學習軍事，養成習慣，中餐吃日本料理之外，早、晚餐都吃洋食，牛奶自是不可少。當時有柊、三洋、臺北等三家牧場供應官衙鮮奶。總督府先叫獸醫去牧場做健康檢查，把最好的乳牛找出來，再移至總督府新設的牧舍。等閑院宮抵台，再隨時搾取。這樣還不夠，最後必須送臺北醫院（今台大醫院）消毒，牛奶才能端到親王面前。

在台北的飲用水問題更不可不慎。在縱貫鐵路開通典禮前，台北市的都心地區加快挖水道，等貴賓蒞台前幾天，總督官邸和鐵道旅館（舊址於今火車站前新光摩天大樓）這邊已經可以供應自來水。台北飲水沒問題了，台南卻還傷腦筋，於是，總督府命令台南醫院提供蒸餾水，以應閑院宮在台南停留兩天所需。

接待皇室，規格也完全不同一般。閑院宮的坐艦靠抵基隆港時，當然不是跳上岸；他必須走下梯來，通過一小段走道，即所謂

載仁親王（右二）地位崇高，曾陪皇太子（左一）訪問英國，與威爾斯王子（左二）合影。

的「棧橋」，才登上陸地。總督府爲此在岸邊新建三座木造棧橋，其中一座供閑院宮專用，其他賓客，管他公爵男爵，一概得走相隔七十幾公尺外的第二座棧橋，寬度還比親王的窄多多。

一切準備妥當，二十二日早上九點，禮炮隆隆，藍紫色軍艦「姉川丸」飄著皇族旗，投錠泊靠基隆港。姉川丸是前幾年打俄國的戰利品，原爲英國製造，俄國買來當醫療船，日本再拿來當通報艦。

總督上艦把閑院宮請出下船，隨從有十幾個，單單照顧馬車馬匹的就六個人。登上馬車，台北迎接他的是站滿在今天館前路、重慶南路和凱達格蘭大道的官員、商人和學生。歡迎人群中，女性本來就少，站在民政長官官邸（今總統府前寶慶路這一側停車場）前的艋舺女學校學生

一九二一年，載仁親王（前右二）與時任東京市長的後藤新平（前右三）在一個慰勞會上。

有四、五十位，她們穿著中式長裙和襟衫，衫長蓋過臀部，格外醒目。馬車經過時，老師喊敬禮，閑院宮微微笑，示意侍從揮手答禮，讓人想起電視播放日本皇太子結婚，新人向夾道民眾頷首揮手的情景。清代時期，天高皇帝遠，雖有「嘉慶君遊台灣」，但那無非鄉野傳說，此刻的皇室威儀才是眞實明白。

閑院宮此行九天八夜，許多活動在等著他光臨。除了台中的鐵道開通典禮，台北剛落成的新起街市場（今紅樓劇場）也舉辦了共進會，展示台灣商品特產，台北林恩坦精心餵養的四百九十六斤大豬公是會場焦點。市場特別中途關閉一個半鐘頭供閑院宮慢慢觀覽。另外還有總督府博物館（原建築已消失，舊址在今總統府後方的國防部大樓）趕熱鬧開張，但也是等閑院宮二十三日參觀後，二十四日才正式開放給一般民眾。

因著縱貫鐵道開通而生的還有台北火車站前的「臺灣鐵道旅館」。鐵道旅館已燬於二次世界大戰，原址再矗立的是新光摩天高樓。當年從日本來台出席鐵道全通典禮的重要客人有一百多位，台北的旅館胃納小，容不下這麼多人，一些貴賓還被安排去住官員宿舍。而新穎華貴的鐵道旅館則入住了二十五位。

右上：現在台中著名景點湖心亭，即百年前為迎接閑院宮而造，供他典禮結束，在公園植樹後短暫休憩。
右下：全通式會場所在的台中公園門口建造了巨大的「奉迎門」。
左上：一九〇八年在台中公園旁搭建臨時性會場，舉行鐵道全通式。
左下：一九〇八年，櫻丸載來日本各界重要人士，參與台灣西部縱貫鐵道的全通式。

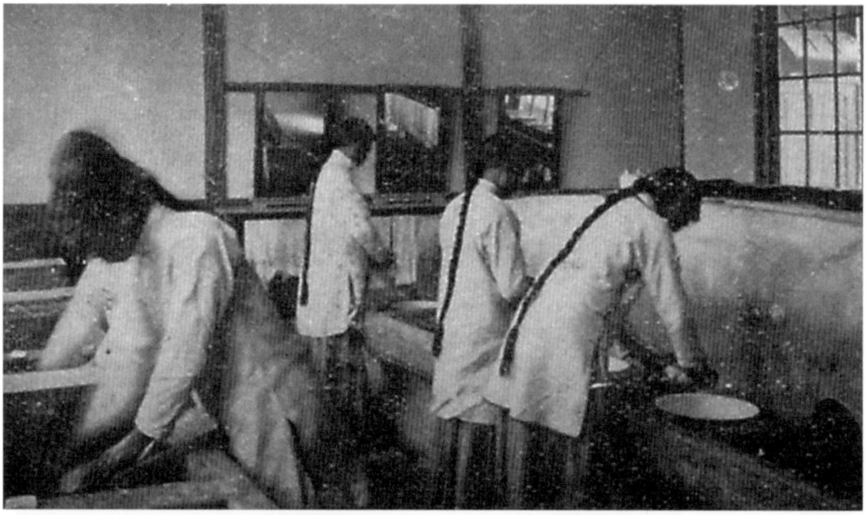

以前有書指出，鐵道旅館把閑院宮列爲「第一號使用人」。依據甚麼史料，尙不清楚。不過，日本皇室成員來台，在台北幾乎都下榻總督官邸，閑院宮亦不例外。他確實兩度進入鐵道旅館，但僅只蜻蜓點水，參加「夜會」，一個人坐在一張特大的椅子上，跟大家一起看幾個鐘頭的表演而已。

眞正宿泊鐵道旅館的第一批客人，倒是有五位是閑院宮的武官、御醫和艦長。除此之外，第一批客人中，六十一歲的西德二郎男爵曾任外務大臣，駐清公使任內遇上義和團事變。《來自硫磺島的信》電影中精於馬術的陸軍中佐西竹一男爵就是他的兒子。西竹一曾於一九三二年獲洛杉磯奧運馬術場地障礙賽金牌，是日本史上唯一的馬術項目金牌。

五十二歲的佐藤昌介當時是東北帝國大學總長（校長），和新渡戶稻造同列日本第一位農業博士。新渡戶以著作《武士道》聞名世界。

井上勝子爵則是日本鐵道的功臣，一八六八年出任「鐵道頭」（鐵道總裁），帶領日本人自力完成第一條鐵路。井上勝從台灣回日本後五、六年，其銅像矗立於東京火車站旁，目前已改移到正門

四、五十位艋舺女學校學生，站在街上迎接閑院宮的馬車，體驗了甚麼叫皇室威儀。圖為一九一〇年代艋舺女學校學生的住校情形。

口。

湯池定基時爲貴族院議員，他的妹妹叫靜子，即第三任台灣總督乃木希典的太太。乃木夫婦聽聞明治天皇西歸，切腹殉死，被認爲是明治時代美好的句點。

其他賓客還有滿鐵理事清野長太郎，他後來任過秋田、兵庫、神奈川等縣的知事（縣長）。田邊朔郎建設日本最早的水力發電所。工學博士白石直治的太太菊子爲日本前首相吉田茂的姊妹。南岩倉具威男爵是岩倉具視的孫子，岩倉具視曾任明治初年的外務卿，爲了開化維新，率團訪問歐美，回來決定建造鐵道。

不過，宿泊名單上，再多日本名士學人，都不如三位清廷的福建知府教人驚奇。賴輝煌、陳燦華和李瑞棻三位知府代表閩浙總督松壽來台祝賀鐵路通車，他們和日本官員同住在鐵道旅館，夜晚想必鼾聲相聞；當時鐵道旅館的客房沒有獨立的衛浴設備，大夥兒共用五間浴室和三間便所，或許，彼此還會在往浴廁的狹道上相逢。

二十八日當晚，賴輝煌知府大人曾與閑院宮殿下同在旅館一樓的食堂同室舉杯到十一點，但過了那一夜，明日天涯，各往不同命運去。半個月後，老佛爺慈禧駕崩，兩百年皇朝氣如游絲。日本卻

上：總督府博物館（原建築已消失，舊址在今總統府後方的國防部大樓）等閑院宮參觀後，才首度正式開放給一般民衆。
下：鐵道旅館佔地三千多坪，大門面向今天台北的館前路，圖中電線桿這邊即忠孝西路。

才剛崛起，正上桌和列強一起分食中國這顆大甜瓜。

然而，若再退到百年後的今天看，中日又不同風景了。榮枯起落，不過排隊而已。

愛與死事件簿 2

戀愛？亂愛！

「殺很大」流行之後，生出一大堆「X很大」的徒子徒孫。每個時代都有流行語，古早的一九二〇年代，也曾經冒出一個新鮮的流行語來，叫「亂愛」。

一九二九年，台中梧棲的女孩子與沙鹿的年輕人相戀，不久，沙鹿男的父母逼他另娶，梧棲女著急了，跑去男孩的村子，借了一戶人家暫住，好日日跟男朋友相會。兩個十七、八歲的戀人對未來惶恐不已，最後相約殉情，吞下老鼠藥自殺。

現在重說這個故事，我很自然用「相戀」來描述，當年報紙用的字眼可是「男貪女愛」和「少年男女亂愛」。「亂愛」毫無憐惜愛情之意，且是對抗「自由戀愛」而打造的一把刀槍。

日本時代最大的報紙《台灣日日新報》於一九一九年首度出現「自由戀愛」一詞，不過，談的是俄羅斯的新聞。台灣本地隨著世界民主解放的思潮拍來，二〇年代開始提出婚姻自主的觀念，青年把「自由戀愛」掛在嘴邊，守舊派便想出「亂愛」這個福佬發音像「戀愛」的諷辭。

看看亂愛派是怎麼批判「自由戀愛」的；「若乃不由父母。不問門第德性。而曰自由戀愛。則與嫖客娼妓何異。」又說，「一班一知半解無識青年及中年。讀幾卷新書。便唱自由平等。自由戀愛。置綱常於不顧。」自由戀愛好似大蟒蛇，一口就足以吞下千年的父權和孝道。

一九二六年春天，彰化發生了一樁轟動全台的自由戀愛事件。彰化街（如今之彰化市）傳出楊姓街長（市長）的兒子跟潘姓女子相戀。潘女從彰化高等女學校畢業後，在學校擔任教員，屬當時的進步新女性。如果換做今天，這廂是名門子弟，那廂是受高等教育的女老師，一對佳人墜入情網，開著酷炫的汽車到公園遊玩，在餐廳接吻抱腰，媒體應該是報導得眉飛色舞，語寄祝福。事實的發展卻非一件戀愛美談，而是天大的醜聞。

潘女跟母兄頂嘴，說她戀愛是自己的事，自己負責，不關他們的事，家人氣得報官將她逐出戶籍。旁觀的街坊民眾更激動，怪罪楊街長姑息，竟然有三百多人跳出來連署，上書請願要求把街長換掉。風波鬧了好幾個月，最後男主角下跪謝罪才得平息。

當年的台灣社會內部，男學生不准看女校運動會，男女牽手就屬通姦，婚姻全由父母決定，外邊的世界卻偏偏吹來自由人權的風，兩股價值對決，從報紙充斥著「亂愛末路」、「自由亂愛中毒」、「不守清規……講甚麼魔鬼亂愛」、「素抱自由亂愛主義……一對不羞廉恥野鴛鴦」看來，自由新思維在愛情的台灣初戰場是飲恨了。

八十年前，台北新莊這邊有個癡情女，也是高女畢業，三更半夜寫情書，幾次被父親撕了又撕，她還是寫了又寫，父親再打了又打，最後，報紙說，「始靜如井水」。報紙並以標題稱許「庭訓嚴格之家」，讓「亂愛男女莫施其狡」。當年，真不知道有多少黑夜，少女以淚洗過？

一九二〇年代，是愛情開始解放的年代，也是一個專門製造愛情悲劇的年代。

台灣人殉情記

一對男女重回鐵道旅館，踏上玄關前的石階，一階、兩階、三階，一階一嘆息，把冷硬的石階都踏軟了。

並非每個投宿鐵道旅館的，都是精神飽滿的旅客，或來台灣探奇，或來台灣訪舊談生意；也有像大橋先生與內本小姐這樣的天涯淪落人，即將親手切斷自己的生命光源，從一九三一年的人間名錄消失。

幾天前，他們從大阪來台北，住了一晚，就像鐵道旅館常見的客人，有閒有錢，隔天就往中南部遊玩去了。再回鐵道旅館時，大橋先生卻聲稱受了風邪，不出房門。四天後，午後五點，旅館服務生強開門鎖，發現兩位已經昏迷多時，像似服了劇毒。

那個年代，不管在台灣或在日本本國，愛情因種種阻礙，日本戀人以死相殉，已不是新聞。鐵道旅館殉情事件之前，被稱「文壇巨匠」的小說家有島武郎與愛人同往輕井澤，也選擇了一家旅館的別莊上吊自殺。之後，則有滿洲國交通局總務司長的太太梅子，婚外情又姐弟戀，在大連市情人家裡，與之相擁共赴黃泉，上流社會如此大膽行徑，驚得大家目瞪口呆。

依據日本時代的報紙記述，日本統治台灣的第三年，就傳出日本人殉情悲劇，地點在澎湖，當事人是公學校的老師和妓女。從此以後，妓院女子就一再出線，成爲日本人殉情記的第一女主角。

日本男人前腳到台灣當官、營商、做工，後腳就把政府的機關建築、商店的樓房蓋起來。接著，他們的店左店右，就有名爲「花月」、「醉月」、「稻六」之類的木造「遊廓」（妓院），搖盪著腰枝，花樣的女孩也忽前忽後，輕

商人交際場合，一定有穿著和服的紅裙相隨。

揮著小手。這般日本風月，也飄入台灣人世居的艋舺（萬華）。

第一次傳出台灣男人和日本妓女「合意心中」（非脅迫的殉情），就在艋舺，時間已是一九一三年。每個時代的每個社會都受不了情色和流血的迷誘，百年前也一樣，報紙因此異常激動，仔細報導了整起事件的過程。

艋舺有家叫「富士見樓」的妓院，二樓第二號房間歸屬一個名喚「入船」的美麗妓女。有一天，她生病住進艋舺的婦人病院，醫院裡的資深職員「楊有來」，已經工作十年，是上司眼中的溫和好人。楊有來的長辮子已經剪掉了，頭髮又學日本人分邊，頗得入船好感。楊有來對她也是照顧得無微不至。這下可好，火山已經爆發，任誰也阻擋不住滾燙的岩漿漫流；入船一出院，當天晚上，楊有來就跑去富士見樓指其名而登堂入室了。

家中這一廂，兩個小孩，楊太太背揹一個、手拉一個，直搗妓樓，可嘆親情攻勢仍然抓不回楊有來的心。楊家大哥去唸，醫院長官去勸，跟講南島語給埃及人聽一樣。四個月折騰下來，楊太太鬧過上吊，所有人都像敗戰歸途的兵馬。一天夜裡，楊有來和入船一起吞下二十克的亞砒酸，準備了結一切。兩人痛得在床上滾來滾去，呻吟聲驚動妓院，他們很快被送到醫院，男的說「先救她」，女的也叫「先救他」，此刻，垂死的愛情以最後一口氣，再度展現她動人魂魄的力量。

楊有來死了，入船卻因吐過一口亞砒酸，中毒較輕，仍然活下來，這倒與一般的印象不同；殉情未遂，若一方活下來，多半是男人。太宰治的殉情史就一再演出這種戲碼。他以《人間失格》等小說活躍於三〇、四〇年代的日本文壇，熱中殉情，為個人一大特色。幾次自殺吞安眠藥，據說都因太強壯，愛人已經飛登極樂，他還卡在現世。淒美愛情戲演成滑稽笑鬧片，真是好不尷尬。

一〇、二〇年代的台灣人有個概念，認為日本傳來殉情的風俗，之前在台灣「罕有所聞」，台灣人開始為情求死，是「受時代

一九二七年，寒冷的一月，艋舺的妓院「梅月」發生殉情事件，司法人員騎著摩托車趕到，也引來老少民眾圍觀。報紙在新聞照片上畫個大「X」，標示案發的二樓現場。

之中毒」，跟日本人學到壞東西，是「惡方面之同化」。

日本時代在大稻埕，說起黃玉階，人人會豎大拇指。台灣男人開始剪掉辮子，女人開始揚棄綁小腳，他都是主要的鼓吹者，當過大稻埕區長。黃玉階去過監獄當教誨師，勸導受刑人改過向善，熱心公益，終生未娶，死後弟弟黃瑤琨的兒子天鶴便過繼給他做承嗣子。

黃玉階曾任大稻埕區長，帶領發起男人剪辮、女人放足的運動。

黃天階獨身一輩子，這個嗣子卻是多情男兒。日治時代，台灣人多穿台灣衫和西服，極少數才敢穿和服，黃天鶴就好穿和服以標新。一九一九年，二十二歲的黃天鶴在曹洞宗布教所教日文，一位十九歲的護士黃紅哖來上課，兩人愛苗滋長，隨即演出師生戀，一起看「活動寫眞」（電影），又到新公園散步，衝撞當時保守社會的尺度。生父黃瑤琨當西醫，也是地方聞人，怒責天鶴，天鶴心生悲觀，偷了自家醫院的藥，便和紅哖一起尋死。最後兩人都被搶救復生，但報紙唸起此事，便斥之「狡童游女」、「惡方面之同

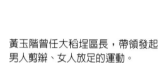

化」。

日本時代最大的報紙《臺灣日日新報》，官方色彩濃厚，但在一九三七年前有所謂的漢文版，由台灣人或中國人採訪編譯，全寫中文，頗能反應中國式傳統衛道文人的觀點。此報論起殉情，咬牙切齒尤勝哀憐，遇一方是青樓女子，新聞更夾敘夾議，毫不手軟。像台南的施士洁，既是清末進士，又被奉爲台灣清代三大詩人，他死後，兒子施福塗爲了新春閣的十九歲喜玉神魂顛倒，一九三三年同飲安眠藥自殺。喜玉吃的量少，沒有大礙，但截稿爲止，施公子卻性命垂危，報社記者就很看不過去，認爲施福塗被愚弄了，說妓女都是「生張熟魏。盡爲入幕之賓。」，「取博愛主義」，對誰都好。

各個時代有其特殊的文明情境，情侶攜手同歸塵土，也受環境事物牽引，採取不同的手段。古代的自盡方法，沒有安眠藥可吞，不是上吊，就是投井、投河、投湖、投海。現代無井有高樓，就衍出跳樓自殺來。日本時代的民家樓高頂多兩、三層，躍身一跳，不足致命，所謂跳樓自殺，就少有聽聞。那時，還不到家戶有汽車的地步，也就沒聽說有導入二氧化碳廢氣自殺的事。日治初期，吸食「阿片」（當時不寫做「鴉片」）的積習未改，一九〇〇年代就有幾起吞阿片殉情的奇聞。一九〇九年，台北八里塔寮坑的韋姓男子，和愛人在竹林間，以他的長辮子一起纏頸自殺。到了三〇年代，台灣男人的辮子早已剪光光，便不會再有辮子自殺的情事。而一九〇八年，西部縱貫鐵路完工通車，黑重的火車頭天天壓著鐵軌衝南衝北，鐵道自殺就現身了。據一九二七年的統計，少年少女自殺者選擇的方式，最多的就是被火車「轢死」。

一九三〇年四月十五日的台北市，晚上八點六分，火車站發出第三三九號載貨列車。彎過北門邊，沿著今天的中華路向南走，到貴陽街口這邊，一對男女突然衝入鐵軌，火車一轟而過，女子從胸部被截成兩段，男子兩足截斷，一隻腳卡在車輪，快速翻滾遠離，現場遺留的情狀驚悚駭人。警察來勘，發現好幾張名片，原來男子是台中市的楊姓鋼琴調音師，與

曾經有台灣戀人過不了愛的情關，跳出火車車窗，從鐵橋墜河殉死。

陳姓女子比鄰而居，已經訂盟，準備五個月後結婚。男子英俊，有很好的職業，女子也畢業於公學校，父母不曾反對，也沒有病魔纏身，沒有人猜得透，爲什麼他們選擇踏上這條年輕的黃泉路。他們大吵了一架，一時情緒失控去撞火車？也不是，十天前離開家鄉，他們已寫就遺書，預告要投海。在身上，也備好紙條給警察，懇求代爲善後。

愛戀的裡外，兩方視力本來就不同，焦點落處也相異。決死的動機，其幽微絲縷，自己難理，對別人似也難道。

不過，對一九三五年鹿港鞋店張姓職員來說，和十六歲愛人吃下拌了老鼠藥的肉丸，動機單純，只因父母不許。對陳姓台南青年來說，也很清楚，一九三六年，他在東京絞殺日籍女人再飲藥自盡，也因父母反對。日本時代，一方面漸

台南運河從日本時代開始就是著名殉情地，戰後有電影以此為主題，大受歡迎。

染自由風氣，但唯命是從的孝道依舊巍巍，孝順往往成為殉情的最大推手。

殉情之地，數日本時代殉情「名所」（著名地點），那非說台南快三．八公里長的運河不可了。

日本統治台灣五十年，一九二〇年恰為中間點，前後各二十五年。因此，一九二六年，台南運河鑿通開運，已進入日治後半期。運河是台南當時的大建設，開了運河，滿載的貨船可以直抵市內，一般市民往來兩地也有直達船。

商人對著運河歡呼，傷心戀人卻望之欲魂斷。開通四年不到，就有數十人來跳運河自殺。台南的社會團體及有識之士思索預防之道，除了辦演講會，還想出「點燈」的辦法。說是要「照亮晦暗的心靈」，其實是晚上河邊光明，自殺者比較不會貿然行動，若真跳入水，及時被發現和搶救也比較容易。

一九三二年，三公里的運河，設了三百燭光的路燈十盞，顯然不足以「照亮晦暗的心靈」，地方人士再在河邊橋畔，立了一尊地藏王像，還很慎重其事，請寺僧來給菩薩像「開光」、「開眼」，並給亡魂誦經。地藏王是否勸退了欲死的心，不得而知，但隔年三月，台南關廟的楊姓車夫還是抱著陳姓酒家女跳進河去了。

運河仍在，但台灣八、九十年的愛情已經掙脫重重綑綁；任何形式的愛情，合法的、非法的、超現實的、體制外的，都有了因應之道。那些無路可走，讓人心酸的殉情，幾乎已是前朝舊物。

少年仔愛看電梯小姐

九十歲的蔡董事長聊起台南家鄉舊事，刺激新鮮仍在嘴角；一九三〇年代，他和幾個少年仔朋友出於好奇，相互呼引，跑去末廣町五層樓高的「林」百貨公司（今台南市中正路和忠義路口，建築仍在）看電梯小姐。

現在，大家爭相搶看的是蔡依林或瑤瑤這類明星，已經想不到白手套指向天、彎身鞠躬的電梯小姐有甚麼特別了。時代各有風情，七、八十年前，百貨公司裡的電梯新奇、小姐摩登，當然值得一睹。

現今總統府後方長沙街上，左側建築爲交通部舊廈，目前已撥做國史館台北辦公室，戰前是總督府的遞信部大廈。一九三一年，遞信部裝設了最新式箱型電梯，並徵用了兩位日本女性來操控電梯，台灣才開始出現電梯小姐。梶原和切通兩位日籍電梯小姐，

上：百貨公司的電梯小姐洋溢時髦的氣質，吸引少年郎的目光。圖為台南的林百貨店，圖右上方的時鐘下，即是昇降電梯所在。
下：戰前台南市最大的百貨公司「林百貨店」。

每天比別人早半小時上班，晚半小時下班，在不到一坪大的空間工作，穿著深藍色洋裝，裙襬剛遮過膝蓋，搭配時髦的白色絲襪和白色高跟鞋，報紙稱她們是「先端的職業No.1」。然而，遞信部是政府機關，不如百貨公司來往自由，一般人並不容易窺探風采。

百貨公司中，除了台南的「林」，台北的「菊元」（舊址即今衡陽路和博愛路口的國泰世華銀行），也裝了電梯。菊元樓高六層，樓頂又加蓋一點，宛如三〇年代的一〇一，觀光客必到的名所。一九三五年，台南左鎮的小學生楊量貴隨著人潮湧入台北參觀台灣博覽會時，也到菊元，後來他回憶說，「許多人都專程來搭電梯」。

菊元的名氣太響亮，老一輩多誤認是台灣第一部裝設電梯的建築。事實上，一九〇八年新裝登場的鐵道旅館，雖僅三層，無法與當時歐美如雨後春筍的二、三十層大樓相比，卻已是台灣的高樓。爲了方便客人，鐵道旅館從一到二樓裝設了台灣第一部昇降電梯，比菊元大樓早了二十四年。由二樓的平面圖看，這部昇降電梯佔掉快兩坪半，比現在的電梯面積大很多。而地鋪台灣檜木板，則多幾分典雅。

上：鐵道旅館安裝了台灣第一部昇降電梯。旅館的內部，從天花板吊燈到地板、窗簾，無一不是最高級的裝潢。
下：總督府後方的遞信部於一九三一年出現台灣最早的電梯小姐。

鐵道旅館之後，一九一九年落成的總督府（今總統府）也陸續備了六部電梯。現在搭電梯，自己進去按按鈕就好，當年的電梯不是這麼回事。電梯跟汽車一樣，需由「運轉手」（司機）操控把手。運轉手不僅爲乘客的舒適方便而存在，精準操縱機械，保障安全，才是更高的任務。總督府始終雇用男性擔綱。據說，電梯運轉

手需要練習一年，才能勝任。

運轉手固然熟練，意外卻不歸人使喚。冬天的一個正午，總督府第五號電梯停在三樓，有人步出電梯，陳姓司機的手脫開機關把手，要去關門，門還沒關，梯內卻有另一位陳姓職員熱心有餘，幫忙按下把手。說時遲那時快，幾步外的日籍職員「栗原」衝過來搶搭，電梯已往四樓上升，栗原一腳踩空，不幸墜落身亡。

三〇年代的電梯殺人事件更恐怖。十六歲姓高的「蓄音器外交員」（販送唱片機的外務員），一天午後，帶著蓄音器到總督府三樓的山林課，辦完事在第四號電梯口等候。從報紙的新聞照片看，電梯的門如鐵柵欄，胸高而已。少年大概好奇，一探頭望，剎那間就被由四樓下降的電梯撞破頭蓋骨。

話說回來，意外從無法嚇阻人類追逐文明新事物；日本時代，共有電影院、大學、銀行、公會堂十幾處裝設電梯，快跑追趕時代的腳步，乘著此「垂直交通機關」奔向現代。

一九三四年十月底，總督府三樓第四號電梯口發生駭人意外。十六歲少年因好奇，在電梯邊探望，被下降的電梯撞破頭蓋骨。報紙刊登現場照片，並以「X」標示案發位置。下圖中的日文字是「昇降電梯」，虛線說明少年招致意外的站姿。

煙草女工眼裡的蔣介石

現在台北火車站正後方，到華陰街和承德路口之間的區域，交九轉運站的高樓聳立，日本時代，那裡原是一大片的紅磚工場（工廠）。每天有千人進出，是台北數一數二的大工場。工廠全名叫「專賣局台北煙草工場」，民間管叫它「台北煙草局」，現在國父紀念館後方的松山菸廠，當時還沒蓋，台灣民眾抽的本島香煙，像一〇年代就有的香煙牌子「新高」和「高砂」、三〇年代的「曙」和「Red」，都由這個官營的煙草工場製造。

一九三〇年，台北煙草工場有三百多名第一線女性作業員，負責捲菸葉、包裝等需要雙手靈巧的工作。在那個婦女剛走出家庭的時代，若要觀察當時台北的職業婦女，煙草工場可說是個大窗口。剛好，這一年七月，大夏天的，煙草工場神來一筆，管理係（管理股）爲了瞭解女性員工，做爲訓練和福利的依據，進行了大規模的

上：台北煙草工場每天七點上班，五點下班，沒有週末放假，月休二日和十六日兩天。
下：台北煙草工廠女工絕大多數是台灣人，且多住在大稻埕。她們年紀從十幾歲到五十幾歲都有，總規規矩矩梳著典型的台式包頭。

台北火車站後方的煙草工場是戰前女工最多的工廠，有近五百位台灣女性，負責捲煙和包裝等工作。她們和我們一樣，害怕土石流，歡喜孩子聽話上進，希望工作能力受肯定。

問卷調查。所謂問卷，並非讓女工看著一疊紙，逐題回答，而是由男性台籍職員口問，事前表明調查與昇遷、績效無關，然後以無記名的方式記錄下來。答案則屬開放性質，非勾選題。

三百三十一位女工，成功訪得三百十三人，其中日本籍六人、中國籍七人，台灣籍壓倒性的多，有三百人，所以，整個問卷調查結果幾乎可以一窺一九三〇年台北台籍職業婦女的內心世界；三百位女工中，四分之三住在大稻埕，所以，問卷也可說是一張大稻埕女性喜怒哀樂的素描。

煙草女工的模樣，不妨從知名小說《浪淘沙》作者東方白的回憶一窺。一九三八年東方白在大稻埕出生，上有兩個姐姐，媽媽婚前曾在台北煙草工場上班，推估起來，不出一九三〇年前後。東方白在《眞與美》曾說，待字閨中的媽媽在煙草工場上班，「賺錢添了衣裝，經常兩個蓋耳的雲髻，宛如盛開的花朵，也難怪父親一見生情了。」

女工的年齡以二十到三十歲最多，佔一半以上，三十到四十歲居次，約七十人，二十歲以下有四十四人，四十到五十歲有三十四人，五十以上才四人。用現代的標準看，四十以下的「年輕」女性

右：專賣局產製的香煙品牌衆多。
左：不同時代有不同熱門香煙，日治後半期的知名香煙就是「曙」，唸做「akebono」。

有兩百七十幾位之多，雖然當時的四十歲可能已是祖母。

這群女工的教育程度，最高的是靜修女學校（今靜修女中）初等科畢業，有五人。公學校（小學）畢業的有一百零四人，東方白的母親就屬公學校畢業。沒唸書的有一百五十二人，公學校唸過幾年未畢業的則有四十五人。

她們多半已婚，有兩百二十九人是別人家的媳婦、媽媽和太太，而且，七成在二十歲以前就已經被嫁掉。

煙草女工還被問了先生的職業、有幾個小孩、綁過小腳嗎、住哪裡、上班花多少時間、信仰甚麼神等等，人事背景問過一大圈之後，開始問她們情意志種種，答案就有趣起來了。

第一個問題，誰是最偉大的古人，結果，孔子榮登第一。一九二五年，台北士紳開始倡建現今台北大龍峒的孔子廟，前後建了十幾年，才逐漸達到現在的規模，煙草女工應該多親睹了孔廟從無到有、偉大逐漸被具象的過程。

緊追在孔子之後的是孔明，比第三名的明治天皇還偉大。接下去，孟麗君竟與孫逸仙、大正天皇、豐臣秀吉同票，可能與那一年年初的熱門電影有關；台北良玉影片公司進口中國電影「孟麗君」，元旦假期開始上演，大受歡迎。孟麗君是元代戲劇裡的才女，因未婚夫被陷害，女扮男裝赴考，官拜丞相。後來皇帝知道她的身分，想納爲王妃，聰明的孟麗君精心設計，化解危機，最後與未婚夫終成眷屬。孟麗君兼具貞潔與能力，在三〇年代，確實有吸引職業婦女崇拜的特質。

問完古人，改問最偉大的今人是誰，答案裡的第一名令人拍案叫絕；有六十九位煙草工場女工，認爲她們的頂頭上司、那個姓「三松」的工場長是最偉大的人。如果答案不是出於女工們的狡慧或幽默，台灣歷史倒應該好好研究一下這位最偉大的工場頭頭，

他到底做了甚麼，讓台灣女工認爲他比昭和天皇還偉大。

當代人說蔣介石，有的痛罵「獨裁者」，有的拜爲「民族救星」，在一九三〇年十四位煙草女工的心中，蔣介石則是最偉大的人。可能之前幾年，蔣介石率軍北伐，打倒北洋政府，統一了中國。

在日本統治之下，煙草女工口中的偉人還有大發明家愛迪生、建立義大利法西斯政權的墨索里尼、研發飛行船的德國伯爵齊柏林，多少反映出當時台灣人對中國、對國際事務有所瞭解，不是一個封閉的島嶼。

問卷調查有一大項，連問了女工最害怕的、最辛苦的、最開心的、最有趣的、最生氣的、最傷腦筋的事，一個問題往往有多達六、七十個答案，豐富而散發時代的風情。例如，淹大水和火災是女工們最害怕的事，很容易理解，但過馬路時，有自動車（汽車）跑過來，竟然比地震、打雷還可怕，就有點奇妙了。當時台北市有二十五萬人，汽車八百多輛，說多不多、說少不少，問題是，沒有紅綠燈，沒有斑馬線，只有左側通行的告示牌，行人和汽車隨時都有可能隨處竄出，互相嚇到對方，然後發生「衝突」（車禍）。

右：台灣專賣局本局位於今台北市南昌街口。
左：台北煙草工場的工場長三松經次在女工心目中，比天皇還偉大。

又例如，以前台北市街集中在艋舺、大稻埕和城內，以外的區域入夜即暗，不像現在幾步即有一盞路燈，婦女就很害怕走在黑夜的田間小路，與陌生人擦身而過。

關於最辛苦的事，有八個人回答「唸中文」。既是已就業婦女，怎需要再唸中文？原來是煙草工場內設有漢文班，供員工下班後進修，一天一小時。一般對日本時代有個籠統印象，以爲殖民統治者搞皇民化，漢文被壓抑，事實上，日本時代有五十年，內裡有許多轉變，社會面貌相差頗遠。

東方白的母親就曾經「報名參加了」漢文班，在那裡，她唸過《千家詩》。東方白說，「從我有記憶開始，幾乎每天早晨一等我父親下床，還慵懶歪在床上的母親就翻開她那一冊長久珍藏的《千家詩》，怡然自得地吟誦起來」，她「吟到忘我」，東方白則「聽得如痴如醉」。

從問卷結果看，古今的媽媽都是一樣的，生命裡最珍重的莫過於孩子。孩子放縱最讓女工媽媽們生氣，小孩聽話則在「最有趣的事」項目中拿第二高票。對將來的希望，第一是「像現在這樣一直工作」，第二就是「多子多孫」。

對工場設施的期待，有六十七人不約而同說，「希望讀書室能分開男女」，比裝電風扇、設乒乓球桌還盼得急切。這個答案現在看來，有些噴飯，不過，這也是如假包換的第一高票答案，讓人不得不相信她們的態度是非常嚴肅與莊重，也不得不感受社會風氣已經如天崩地裂改變過。這群心上刻著「男女授受不親」聖誨的女性，假如走進現代，眼睜睜看見捷運手扶梯上，年輕男女扶肩抱腰，吻了又吻，不知道會不會當場昏過去？

長長的問卷末了，還有一趣，問女工們最愛吃甚麼。最特別的

雜誌上出現的專賣局的香煙廣告。「兩切煙草」指明治時期以來，日本學洋煙的一種包裝，小長方盒裡，裝有十支香煙。

是有十個人回答「牛奶」。其中意味著牛奶頗爲普及，而相較於戰後才普遍的豆漿，台灣人的餐桌上，牛奶來得早多了。

現代要探知社會人心的眞實狀態，有網路和電話種種快速的辦法。日本時代，電話是有的，但沒聽說誰動過電話民調的腦筋。那時候的統計已經非常發達，人口、案件、車輛、教育程度、進出口都有數字，但裡頭沒有人聲、沒有感情。相形之下，一九三〇年煙草工場的問卷調查稀有又珍貴；透過問卷，我們聽到年輕女性直率的傾吐，句句洋溢著那個舊時代的感性。

【附表】一九三〇年煙草女工的世界

受訪者共三一三人，其中三〇〇位台灣人、六位日本人、七位中國人。回答人數低於四的答案不填入。

答案	人數	註解
問題：最偉大的古人是誰？		
孔子	56	
孔明	28	
明治天皇	26	
北白川宮能久親王	12	一八九五年率近衛師團攻台病歿，台灣各地廣建紀念碑，成為學生參拜處所。
乃木希典大將	12	日俄戰爭名將，攻下旅順，迫使俄軍投降。第三任台灣總督，明治天皇逝後，與妻子一起殉死。
鄭成功	11	
釋迦	8	
神武天皇	5	第一代天皇
五穀先帝	5	即神農大帝
大正天皇	4	
楠正成	4	十四世紀的武將忠臣，明治時代起尊稱「大楠公」，皇居前有銅像。
豐臣秀吉	4	
孫逸仙	4	
孟麗君	4	元代戲劇裡的才女，未婚夫被陷害，女扮男裝赴考，官拜丞相。皇帝後想納為妃，她聰敏設計，化解危機，並與未婚夫終成眷屬。
薛仁貴	4	唐朝名將，民間以其為本，編出薛平貴與王寶釧的戲劇。
問題：今人中，誰最偉大？		
三松工場長	69	三松經次
昭和天皇	54	
石塚總督	39	石塚英藏總督任內（一九二九～一九三一）完成嘉南大圳，也爆發霧社事件，一九三一年初為此下台。
濱口雄幸內閣總理大臣	36	一九二九～一九三一年任日本首相

答案	人數	註解
蔣介石	14	一九二七～一九二九年任國民革命軍總司令，打敗北方軍閥，中國統一。
昭和皇后	13	
井上大藏大臣	11	井上準之助（一八六九～一九三二），曾任日本銀行總裁，二〇年代兩度出任大藏大臣。
東鄉平八郎大將	11	日俄戰爭（一九〇四～一九〇五）中任聯合艦隊司令官，打敗俄國，成為日本的戰爭英雄。
愛迪生	10	
墨索里尼	8	一九二二年建立義大利法西斯政權
若槻禮次郎	7	一九二六～一九二七年初任首相，一九三一年再任首相
奧脇主任	7	
池田局長	7	專賣局長池田藏六
煙草課長	4	

答案	人數	註解
齊柏林伯爵	4	德國人Zeppelin伯爵，研發製造飛行船而聞名。
問題：最恐怖的事		
暴風雨洪水	31	
鄰近有火災	28	
帶著證人來調查偷煙草的小偷	14	
過馬路時車子跑過來	13	
地震	12	
打雷	10	
夜晚在鄉間小路撞見人	10	
目睹被殺的人	9	
看見流氓打架	9	
看見瘋子	7	
小偷闖進室內	7	
傳染病流行	7	
遇見流氓	7	
聽到小偷侵入的事	6	
年幼的孩子去河裡玩	6	
被狗狂吠	5	
聽見可怕的事	5	
看見大蛇	5	

爆竹工廠爆炸，看見死傷慘狀	4	
惡夢	4	
看見溺斃的人	4	
問題：最艱辛的事		
生活費不夠	29	
生病	29	
沒有	27	
生病無法上班	14	
剛來上班試用	12	
抱病上班	11	
小孩生病	9	
下雨天上班	8	
父親過世	8	
唸中文	8	煙草工場設有漢文班，下班後上一小時
大熱天做事	7	
遲歸	5	
孩子過世	5	
七點聽到火車汽笛聲嗚快跑	5	煙草工場七點上班，五點下班，一天工作九小時。午休半小時，午前九點和午後三點各休十五分鐘。一個月休二日與十六日兩天。
幼年父母已逝	5	
上班時下大雨	4	
丈夫去世	4	
和親友分別	4	
工作時生病	4	
丈夫與病魔纏鬥	4	
問題：最高興的事		
六月一日紀念日的餘興活動	59	
看電影	26	
小孩天真	19	
城隍爺祭典遶境	17	
賞花	14	
乒乓球比賽	10	
看飛機表演飛行	9	
看歌仔戲	8	
看划船比賽	7	
看跳舞	6	
看公學校運動會	5	
看到老虎	5	
第一個孩子剛會走路	4	
到海邊散步	4	
問題：最有趣的事		
拿到年終獎金	30	
小孩聽話	16	
新年聽到鞭炮聲	14	

答案	人數	註解
家庭圓滿	11	
加薪	10	
回娘家	10	
善行被表揚	7	
小孩長大	7	
到南部旅行	7	
與親友久別重逢	7	
拿到全勤獎	6	
很健康天天工作	6	
拿到薪水	5	
小孩生日	5	
參加朋友的結婚典禮	5	
月夜乘船和散步	5	
自認比別人工作能力強	5	
第一個孩子學會講話	5	
買了漂亮的布料	5	
生兒子	5	
六月一日紀念日那天	4	
接近元旦時	4	
工作優異被讚美	4	
城隍爺祭典那天	4	
父母親生日	4	
長孫出生	4	

答案	人數	註解
問題：最生氣的事		
小孩任性放縱	62	
被說壞話	55	
丈夫有情婦、買娼婦等放蕩行為	10	
金子被偷	8	
打架	7	
睡不著	7	
工作常做不好	6	
被人瞧不起	6	
小孩不認真唸書	6	
因涉嫌偷煙，朋友被帶到專賣局	5	
朋友無情	5	
家庭不和	5	
看見別人不孝	4	
洗衣服之後下雨	4	
丈夫不工作	4	
被上司罵	4	
問題：未來的願望		
像現在這樣，一直工作	86	
多子多孫	43	
家庭生活圓滿	42	

存錢	23	
為工場盡力	21	
孝養	16	
職業婦女	10	
努力升遷	7	
存錢旅行	7	
小孩長大	6	
文學婦女	5	
家人健康	5	
女兒結婚	5	
賢婦人	5	
問題：娛樂		
裁縫	58	
散步	38	
音樂	36	
電影	28	
看戲	23	
聽唱片	20	
讀書	17	
乒乓球	15	
刺繡	11	
聊天	8	
和孫子玩	7	
聽廣播	7	
賞花	5	
唱流行歌	5	

問題：喜歡的食物		
水果	28	
青菜	18	
赤鯛	17	
桃	16	
豬肉	15	
魚	12	
烤肉	12	
牛奶	10	
鳳梨	10	
香蕉	10	
果子	9	零食、小點心
雞肉	9	
仙貝	8	
龍眼乾	8	
蜜柑	7	
蘋果	6	
西瓜	6	
白柚	6	
梨	6	
西洋料理	6	
蛋	4	
杏仁豆腐	4	
台灣料理的三絲園	4	無法判讀三絲園是何種食物

資料來源：《專賣通信》昭和六年

台灣的第一個母親節

從台北市的重慶南路右轉進南海路，很快，右手邊有植物園，植物園對面，有紅樓的是著名的男校建國中學，沿著建中圍牆再往下走，也是一個學校，叫國語實小。台灣的第一個母親節，就在這裡舉行。

一九三一年五月十日星期天，不用上學，一早卻見校門口有一對對的母女相偕前來。十七、八歲的女學生和她們的媽媽別著康乃馨，有的紅，有的白。

這時的學校當然不叫國語實小，而是「臺北女子高等學院」，二十五天前才剛掛牌開辦，專收高等女子學校的畢業生，修讀兩年，程度近似現在的專科，是日本時代島內的最高女子學府。前總統李登輝的太太曾文惠就是知名校友。

臺北女子高等學院是甚麼樣的學校，從第一任院長古川貞次郎

的談話可嗅知一二。古川原是基隆中學校校長，轉任女子高等學院前，和基隆地方人士的餞別宴上，古川滔滔不絕了三十多分鐘；他說，女子學院以養成「賢妻良母」爲辦學目標，每年畢業的淑女有一百位，他將不吝爲「基隆諸君」留心。校風如此，也難怪這個兩年制女校，一班五十人，要升二年級時，已嫁走十個。再過一年，又只剩下三十人能參加畢業典禮。或許，也因爲強調婦女在家庭的角色，女子學院才特地舉辦母親節儀式。

九點到了，典禮開始，首任院長杉本良上台演說，話題自然圍繞在「母の日」（母親節）。接著播放了一部名叫「燦爛人生」的電影，就結束了。看似簡單的集會，卻爲台灣女性生活史寫下隆重的一頁。

當天坐在台下的女學生，並沒有曾文惠，那一年她才五歲，舅舅家的表姐汪懿範倒在其中。周紅綢和邱金蓮是稀貴的台灣前輩女畫家，在三高女（今台北市中山女中）時，曾隨名師「鄉原古統」學習膠彩畫，到了臺北女子學院後，畫作接踵入選台展（台灣美術展覽會）。宋榮妹是和信醫院第一任院長宋瑞樓的堂姐，他們來自竹東的醫生家族。張緞也出身屏東的醫生豪門，後來嫁給前司法院

右：台北女子高等學院的校舍，即今南海路上的國語實小。
左：台北女子高等學院首任院長杉本良，主持了台灣第一個母親節。

一九三二年，女子高等學院改在鄰近的教育會館舉行第二次的母親節慶祝會，報紙登載了豐富的現場畫面。

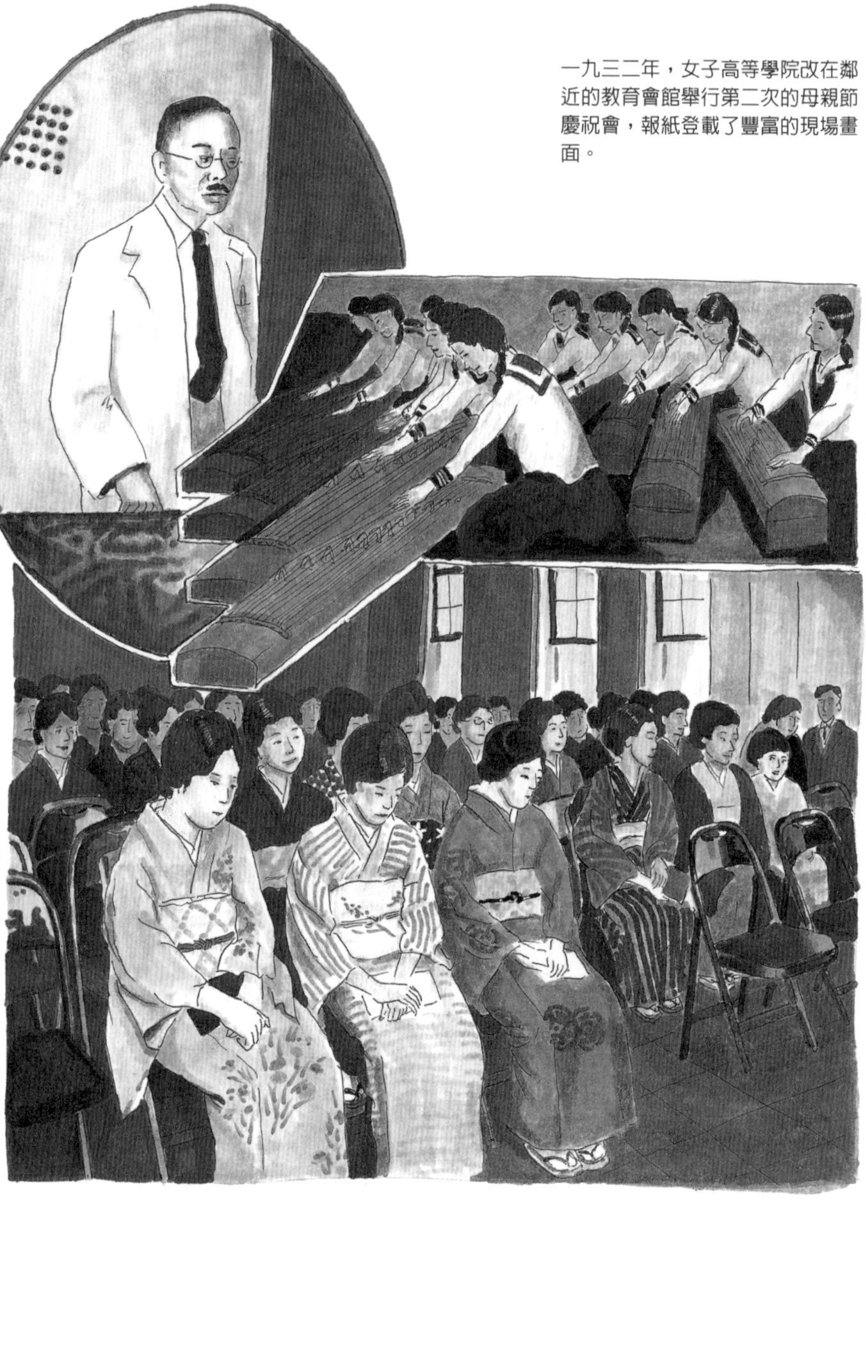

長戴炎輝，他們的兒子有當台大醫院院長的戴東原，也有當大法官的戴東雄。

依據當年報紙公布的臺北女子高等學院第一批錄取名單，八十六位新生中，台籍學生有十八位。換言之，也有台灣女性共同描繪了台灣第一個母親節的美好側影。

五月母親節源起於美國，安娜小姐（Anna Jarvis）在一九○五年失去媽媽，經她奔走，一九○八年五月十日，世界開始有母親節。一九一四年，總統威爾遜宣布五月第二個週日應懸掛國旗，對美國的媽媽表示敬愛，康乃馨的種子快速隨風飄落在東西各國。

一九三一年，日本也開始盛行母親節，日子卻選擇昭和皇后的生日三月六日。臺北的女子高等學院會自行與國際接軌，實在是一個異數。

一九四○年，森永牛奶糖公司在今天的圓山兒童樂園舉行母親節慶祝會，有獻花和唱歌、高呼媽媽萬歲等活動。從廣告上看，當時康乃馨已是母親節的象徵。

懷念的鐵路便當

北海道名寄市原有全日本最北的鐵路便當，日夜守護，歷經四代。即將屆滿一百年之前，卻因老闆要照顧生病的太太，不得不熄燈休業。覆雪的月台，將不再有「便當、便當」叫賣聲，陪伴旅客孤獨的腳步。

現在台灣人大口吃便當，以「便當」來指稱飯包，就從日本來的，源於日本統治台灣的年代。

日本時代的便當寫做「辨當」或「弁當」，是日文的漢詞。日本時代，台灣人圖其方便，直接借用不少日文漢詞，例如「見本」（樣本）、「口座」（銀行戶頭）、「注射」（打針）等等，再以福佬話發音，而不流行轉換成適當的中文翻譯。「辨當」也是如此，頻繁出現在當時的中文書寫裡。

「便當」兩字，雖未普遍，戰前倒也已經出現。一九一一年，

一九一〇年代的報紙以漫畫描繪月台邊的小販。小販叫賣香煙、酒，也推銷各地土產，如蜜柑、枇杷和雞蛋，總是急急忙忙由車窗口遞給來去匆匆的旅客。

台南一家糖蜜會社，十幾個員工，有台灣人，也有日本人，興致勃勃跑去安平海邊，辦了海灘運動會。當時，中文報紙就報導說，老闆和職員「均帶便當。充爲午飯」。

日本的「鐵路便當」，他們專稱「駅弁」，「駅」是「車站」，「弁」就是「弁當」。日本第一個駅弁於一八八五年由栃木縣的宇都宮駅賣出。當年日本開通東京上野到宇都宮的鐵道，鐵道會社請求站前白木屋旅館製作販售。便當形式很簡單，竹片包著兩丸飯糰加黃蘿蔔乾。便當價格五錢，跟鰻魚飯賣十錢比起來，被認爲並不便宜。今天，到宇都宮站，還可以看見便當包裝強調是從「駅弁發祥地」賣出。

台灣的鐵路便當起於何時，難以確認，不過，鐵路各站的便當菜色，報紙提供了一點線索。一九一四年，報紙評比了桃園、苗栗、新竹和台中四站的便當，仔細記錄菜色。前三者大同小異，以桃園站便當來說，用的是日本米炊的飯，配菜有炸土魠一片、鹽煎旗魚一片、炸筍兩片、煮豆少許、鰻魚八幡卷一個和醃漬蘿蔔兩片。台中站便當稍微不同，煮物一片、煮藤豆（類似豌豆）、魚板三片、蒟蒻兩片、蓮藕和醃漬蘿蔔各兩片來搭配白飯。看得出來，

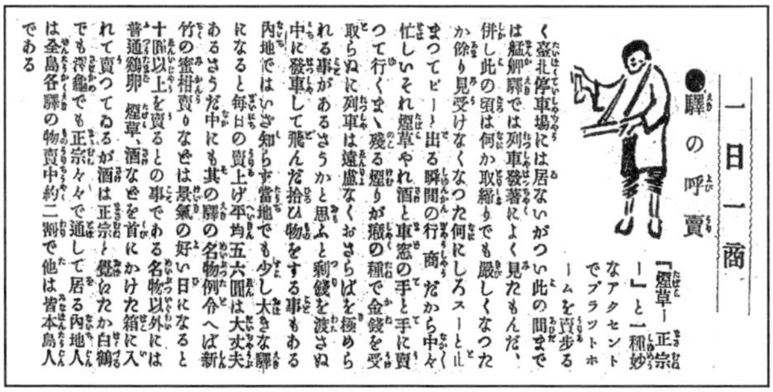

一日一商

●驛の呼賣

「煙草ー正宗ー」と一種妙なアクセントでプラットホームを賣歩るく臺北停車場には居ないがつい此の間までは艋舺驛では列車發著によく見たもんだ、併し此の頃は何か取締りでも嚴しくなつたか餘り見受けなくなつた何にしろスーと止まつてピーッと出る瞬間の行商だから中々忙しいそれ煙草やれ酒と車窓の手と手に賣つて行くまゝ殘る煙りが癪の種で金錢を受取らぬに列車は遠慮なくおさらばを極められる事があるさうかと思ふと剩錢を渡さぬ中に發車して飛んだ拾ひ物をする事もある內地ではいざ知らず當地でも少し大きな驛になると毎日の賣上げ平均五六圓は大丈夫あるさうだ中にも其の驛の名物例令へば新竹の蜜柑賣りなどは景氣の好い日になると十圓以上を賣るとの事である名物以外には普通鷄卵、煙草、酒などを首にかけた箱に入れて賣つてゐるが酒は正宗々々で通して居る內地人でも澤龜でも正宗と覺ねたか白鶴は全島各驛の物賣中約二割で他は皆本島人である

當時的鐵路便當全然和風。

以前有在月台叫賣的鐵路便當，像一九一〇年代，打狗（高雄）站的便當，曾由日式料理店「滋養亭」承辦。另一種鐵道便當出自火車站附近的旅館和餐廳，像新竹站前，就有一家塚迺屋旅館，聲稱是鐵路便當的「元祖」（鼻祖）；不過，究竟是新竹當地或全台的第一家，不得而知。而台北市最高級的西洋旅館「臺灣鐵道旅館」則調製了洋式便當，旅客預訂，即送到火車站內。

洋人吃的鐵道便當該是甚麼樣子？台灣前輩畫家奉爲老師的石川欽一郎一九二二年到歐洲訪遊，他畫筆下的便當小販，揹著圓盆，胸前滿是誘人口水的餐食。石川欽一郎還表示，各國鐵道便當以義大利最便宜，內有兩個圓麵包、半熟的蛋兩個、三條大香腸、起司一大片、水果，再加一小瓶葡萄酒。

台灣進入三〇年代後半期，因日本侵華，社會大變調，鐵路便當則小突變。一九三八年七月七日，「蘆溝橋事變」滿一年當天，台灣的火車站統一推出「愛國辨當」。平時在月台叫賣的普通便當、炒蕎麥麵、炒米粉，一律禁絕，只准賣這色便當，裡頭只放白飯糰、梅干和黃蘿蔔乾。

從東京搭新幹線，五十分鐘可到的宇都宮站，站前可看到大大的看板強調那裡是駅弁發祥地。

元祖汽車辨當

當新竹ハ魚菜ノ豊富ナルコト一般御客様ノ疾クニ御承知ノ通ナレバ此際非常破格ノ大勉强ニテ朝、晝、夕、夜食、共ニ汽車辨當ノ用意仕居候間何卒御買上ノ程奉希上候

新竹驛前 塚迺屋旅館

上：一九一一年，新竹著名旅館「塚迺屋」登廣告自稱是火車便當的始祖。

右：三張圖由上而下分別是一九一〇年前後的桃園、台南和打狗（高雄）火車站。

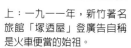

日本便當都是冷的，經歷五十年統治，台灣人已慢慢習慣吃冷便當，這個飲食文化卻和戰後大陸移來的外省人不同。前工業委員會化工組組長嚴演存在《早年之台灣》回憶說，外省人「生活習慣也和本省人不盡相同。例如台灣人中午吃便當，外省人一般非吃熱飯不可」。

祖籍江蘇、生於北京的作家張天心（一九二四年生）在〈便當之戀〉文中也寫道，來台前，他「不但沒有吃過『便當』，也從來沒有聽過『便當』這個名詞。」第一次在台灣吃便當，是一九五○年代的事，而且在火車上吃的。沒想到「蓬萊米飯是那樣柔軟清香，炸肉片或炸魚片是那麼酥脆鮮嫩」，而黃蘿蔔「看起來有點像化了粧的鄉下大姑娘，顯得太鮮、太豔，可是吃到嘴裡又脆、又甜、又下飯」，後來，他「每坐一次火車，便吃一次便當」。

兩個不盡相同的飲食文化，慢慢，一個接受了便當，一個揚棄了冷飯，兩者調合出來的，就是我們現在吃到的溫熱的便當、一個具有台灣特色的便當。

一九一四年的台灣鐵路便當

車站	菜色
桃園	日本米飯 炸土魠一片 鹽煎旗魚一片 炸筍兩片 煮豆少許 鰻魚八幡卷一個 醃蘿蔔兩片
苗栗	台灣日本混合米飯 炸豬肉兩片 煎蛋一片 煮鯛魚一片 魚板一片 煮豆 煮蘿蔔兩片 黃蘿蔔乾兩片
新竹	台灣日本混合米飯 鹽煎烏魚一尾 魚板一片 牛蒡炒豬肉 煮豆 豌豆莢 黃蘿蔔乾兩片
台中	台灣米飯 煮物一片 煮藤豆大兩個 魚板三片 蒟蒻兩片 蓮藕兩片 醃蘿蔔兩片

最愛仿冒「味の素」

當今「山寨」橫行，有山寨機、山寨喚膚霜，戰前也有山寨清酒、山寨萬金油；仿冒謀利，古今一同。日本時代，台灣各「山寨」最愛仿造的東西叫「味の素」。

人類吃味素剛滿百年，全世界第一罐味素就是「味の素」。

有一天，東京大學教授池田菊苗的太太煮了好吃的湯豆腐，池田教授好奇心動，決定探究其中美味的秘密。一年後，他發現正是昆布裡的化學成分「穀胺醯胺」（glutamine），密藏著酸、甜、苦、鹹以外的一種甘味。一九〇八年，池田和鈴木製藥所的鈴木三郎助共同取得專利，並由鈴木製藥所把池田的發明商品化。當時並決定把這種新型態的調味料稱做「味精」，商品名爲「味の素」。烹煮中式料理，最後常放的一小匙白色結晶物，台灣人稱之味精或味素，都來自這個起源。

味精發明人池田菊苗博士

「味の素」面市後，台北的臺灣日日新報社曾經賣過，台南的萬貨商會也曾是特約店，但未引起騷動。一九一〇年，台南「越智商店」的職員岡部徹到東京蜜月旅行，下榻的旅館湊巧就在味之素本店附近，他被店前招牌吸引進去，當場買斷兩千圓的貨，帶了幾千瓶味素回到台南。

半年後，台北的吉野屋商店也到東京取得味之素的經銷權，南北兩家經銷店以台中爲界，井水不犯河水，分頭編織在台銷售網。

上：味之素多以盛裝的和服美人當宣傳海報的主角。
下右：味之素以穿圍裙的婦女為商標。
下左：味之素風行，戰後台灣的味精品牌紛紛模仿其包裝。

台南的岡部徹曾經卯足了勁，親自下海，模仿商標的女郎，穿上女裝，再套上有「味の素」字樣的圍裙，蹬著木屐，在台南市遊街宣傳。短短三、四年，味之素快速紅透台灣。

味之素最早征服的不是台灣阿媽的灶腳（廚房），而是路邊攤。賣米粉和湯麵的攤販競相使用味之素，不久，只見攤子上擺了一大堆味之素的金色罐子，有時還拿來放筷子，做為招徠顧客的噱頭。

商品一紅，如芒果削開了皮，果蠅趕不完；戰前台灣仿造味之素的歪風從一〇年代吹到四〇年代。不是七堵暖暖這邊的雜貨店，味之素的價格突然變便宜，人家賣一大罐十一圓，那邊只賣十圓二十錢，就是松山那邊有個蔡姓磚窯工人，突然不做工了，門戶緊閉，舀粉裝罐。不然就是有人在街上蒐購味之素的空罐子。不過，這些僞造的味素並非全假，也裝了點眞的味之素，再混入鹽、糖、大豆粉或麵粉，狠一點的還加石膏、硼砂。

另一種仿冒，內容造假之外，包裝也動點手腳。譬如商標換個字，變成「味の光」、「味の勝」、「味の福」，魚目混珠，低價販售。南投竹山的警察也發現，該地有個姓葉的雜貨商，從嘉義那邊批來的味之素，印刷的商標跟眞品無異，只有在「味の素」字旁

岡部徹的東京蜜月旅行，意外讓味之素大量銷入台灣。

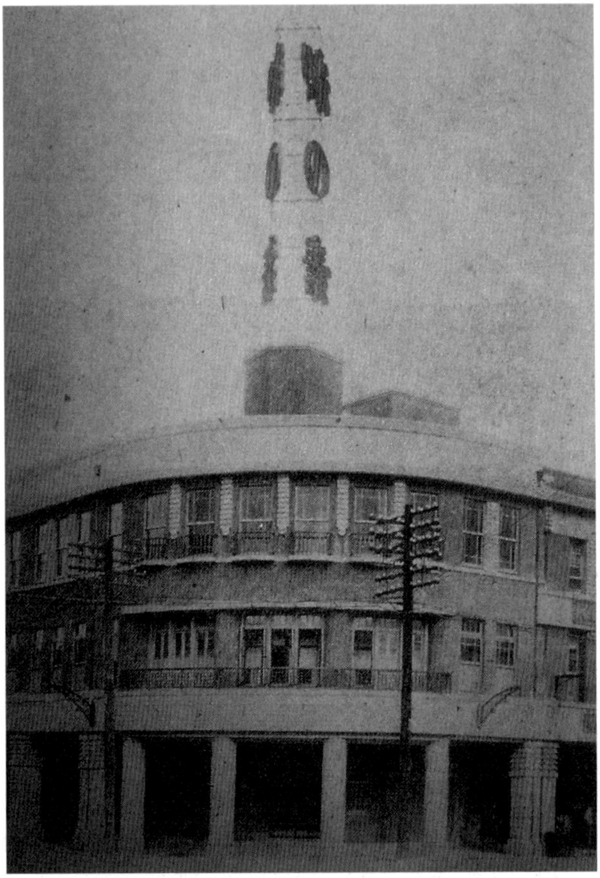

註記的發音，故意把「あぢのもと」，印成「あぢないもと」。

味之素公司的社史曾專章說明戰前進入台灣的細節，認爲台灣市場是味之素百年歷史裡很怪異的一頁。味之素輕易征服台灣人，等於摸清中國人的胃，於是，大膽躍進中國。一九一四年起，接連在福州、上海、南京、天津和大連找到經銷商，深入中國市場。味

上：味之素在台北成立分店，設於本町三丁目的新建築，原址現為重慶南路、開封街口的台鳳大樓。圖中建築上的大型廣告塔是當年時髦搶眼的廣告手法。
左：日本時代，路燈柱子登廣告必須付費，味之素的廣告四處都有，可見味之素倚重廣告的推銷效果。圖為基隆市的義重橋大街。

天下一品
味の素
基隆薬局
茶銘
二葉園茶舖
御神燈

之素感謝台灣是「大陸進出の基礎」，但僞造氾濫，卻也讓味之素頭痛不已。

或許是味之素品牌深入民間廚房，戰後台灣味精知名品牌，味王、味全、味丹，名字必有「味」，包裝也一概神似味之素，紅色方盒，黃色線條花紋，彷彿同基因的手足。

味素傳入台灣，最早征服的是路邊的飲食攤。

烤鴨該怎麼吃？

烤鴨該怎麼吃？

日本時代，台北有個叫吳江山的人，先在「東薈芳」當大廚，後開「江山樓」當老闆，這兩家有藝妲歌聲的酒家餐館，從一〇年代到三〇年代，其菜之好，不數一也當二，特別江山樓標榜「臺灣料理」，和「蓬萊閣」餐樓做廣東菜和四川菜，同享盛名卻各有擅場。

從吳江山遺留的二〇年代食譜，有道烤鴨稱之「掛爐燒鴨」，鹹菜塞進鴨肚子，外塗醬油，以燒紅的炭烤四十分鐘，即可片肉上桌。要吃的時候，以兩片土司相夾。食譜裡，有個奇妙的材料跑出來了，吳老闆說，土司要先塗「蕃茄醬」。

吃烤鴨，不塗甜麵醬，不配青蔥，反配鹹菜、塗蕃茄醬，此刻從文字上聞起來，味道就有幾分詭異。不論美味與否，當時採用蕃

江山樓舊址在今大稻埕的保安街，戰前是台北數一數二的大酒樓。樓面的招牌「ライトビール」是高砂麥酒株式會社（建國啤酒廠前身）所販售。日本時代，各廠牌啤酒競爭激烈，知名酒樓和餐廳的門面，多被啤酒廣告攻佔。

茄醬，應該有幾分實驗與創新的味道。

八〇年代，麥當勞等美式速食店紛紛進軍台灣，吃薯條要沾蕃茄醬。熱狗、披薩也要蕃茄醬，蕃茄醬的角色逐漸加重，又老跟西方食物一起出現，好像是當代的新調味料，事實不然，日本時代，除了名廚在用蕃茄醬，蕃茄醬的名牌「可果美」也已經販售來台。

一九三〇年代，可果美頻繁在台灣刊登小圖廣告，當時並不叫「可果美」，而是使用日文的「カゴメ」，做爲商品名，唸音近似「卡夠咩」，歷史已超過百年。

十九世紀末，可果美的創辦人蟹江一太郎從陸軍退伍時，長官西山中尉對他說，你家養蠶，但以後的農業不一樣了，不妨栽種西洋蔬菜試試看，蟹江便開始嘗試種蕃茄和高麗菜、芹菜、萵苣等西方蔬菜。擺到市場去，其他菜慢慢賣掉，唯獨蕃茄總是頑強留在原地。

當時，不要說日本人不習慣生蕃茄的氣味，連洋人也不大生吃蕃茄，而是把蕃茄煮熟當調味料。蟹江爲了改變蕃茄冷肅不可親的面貌，專程跑去名古屋請教西餐主廚怎麼做蕃茄醬汁（tomato sauce，非蕃茄汁，也不是蕃茄醬）。一九〇六年，研發成功，蟹江

本格的な
トマトの調味料
カゴメ
ケチャップ
名古屋市外 愛知トマト製造會社
カゴメ
ケチャップ
おいしいトマトの調味料
(カゴメケチャップの姉妹品)
カゴメ
ソース
台湾移入元 宅商會 台北・台南・嘉義

上：明治到大正時期，日本陸軍禮服的軍帽頂有五角星徽。
右：三〇年代，可果美蕃茄醬和可果美醬汁的小型廣告常見於台灣報紙。

便正式設廠，加工製造蕃茄醬汁。兩年後，蕃茄醬也開始生產了。

可果美最早的商標採用日本帝國陸軍的五角星星圖案，遭人質疑，之後變形爲六角星星。這枚六角星由兩個相倒的三角形交疊而成，模樣剛好很像手編竹籠或竹籃的花紋，日文叫「籠目」，發音正是「卡夠咩」，可果美之名即由來於此。

一九六三年，可果美捨棄星星商標，改成紅蕃茄內有英文字母「Kagome」。四年後，可果美在台南設立分公司，台灣人此時買的瓶裝可果美蕃茄醬，已不復見星星商標。

一九四一年十二月，台灣新文學之父賴和醫生無故被日警拘留五十天，他又失眠又暈眩又曉瀉又淚流，悽愴之餘，唯有餐水「略一慰」。第十八天，他在日記寫道，「午飯キヤチャプ（按，蕃茄醬）炒的，頗可口」。能如此撫慰獄中的賴和先生，大概也是百年來，蕃茄醬最可貴的一次出演。

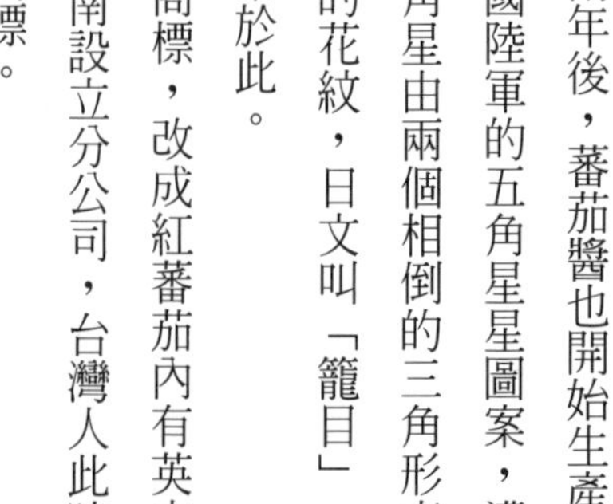

可果美的六角星商標如竹編籠子交織的花紋，日文稱「籠目」，可果美就把籠目的唸音「Kagome」轉成商品的名稱。

不是功學社的山葉鋼琴

二〇〇八年，功學社創辦人謝敬忠過百歲生日時，舉辦了慶壽音樂會，他本人還上台彈奏了一曲。盛哉美事，報紙有了一些報導。

其中，有新聞形容謝老先生是「山葉鋼琴引進台灣的推手」。乍讀這一句，並沒有錯誤；謝敬忠代理進口日本山葉鋼琴已近四十年。然而，另一個事實是，謝敬忠一九一一年出生時，台北西門町就有人在販售山葉鋼琴了，如此一來，那個形容又顯得奇怪了。

山葉鋼琴由山葉寅楠創立，他的父親是德川幕府下一個藩裡的武士，負責天文事務，整天跟一些西洋器械爲伍，山葉寅楠耳濡目染，在明治維新的年代，到長崎跟洋人學製造西洋時鐘，又到大阪一家醫療器械製造店任職，一八八四年，再被老闆派到今天靜岡縣濱松市的支店任事。

有一天，濱松城旁濱松尋常小學校的風琴壞了，山葉寅楠一雙巧手，不一下子就修好。他看著風琴，心想這部美國製風琴要價四十五圓，若他來仿製，一台只要三圓。心動加上行動，山葉寅楠和一個助手花了兩個月的時間，完成一部風琴。因緣巧合，從此走入造琴的世界，成爲日本國產鋼琴的元祖。

不過，山葉先生自製第一台風琴，靜岡當地的學校反應不佳，他把琴運到東京，找「音樂取調所」（今東京藝術大學前身）留美的名教授伊澤修二「看診」。伊澤診斷這部風琴「音不準」之後，山葉寅楠並沒有被擊潰，反而留下來塡補不足，在那裡學了一個月的樂理。

一八八八年，山葉風琴製作所創立，一八九〇年代就有許多進展，除了風琴外銷到東南亞，三個音叉交錯的標誌在一八九八年誕生，公司也改組爲「日本樂器製造株式會社」。二十世紀初，慶親王奕劻的長子載振遊日本時，訂了山葉鋼琴，山葉寅楠還親自去了一趟中國，給貝勒爺送琴。

一八九五年，台灣開始被日本統治，山葉鋼琴更一腳就踏進

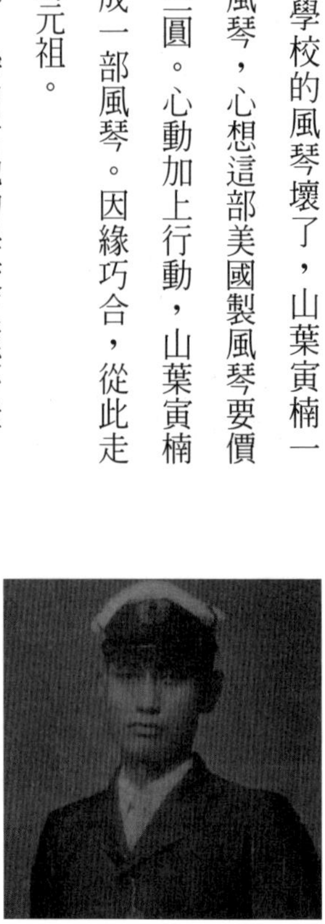
上田常吉於一九〇〇年在台北西門町開設上田屋，是著名的樂器商。

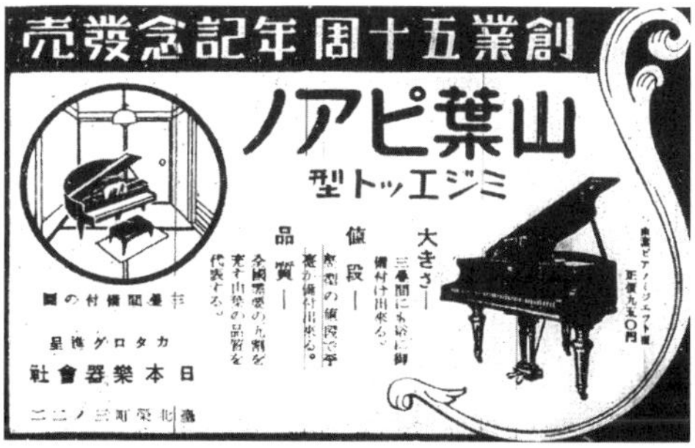

上左：一九一二年的廣告，可看見已有商店代理進口山葉鋼琴、風琴和鈴木小提琴，並提供分期付款的優惠方式。
上右、中、下：二〇年代，製銷山葉鋼琴的「日本樂器」會社在台北市區最熱鬧的「榮町」〈今衡陽路一帶〉設立了直營據點，在全台各城市則有特約經銷商。廣告強調「為了孩子」，應該買山葉。

進入台北名士林熊光的庭園豪宅，通過玄關，右轉即如圖的客廳。裡頭陳設無一不豪華精美，地毯、沙發、壁爐之外，左邊靠牆有平台鋼琴，琴上放著洋娃娃和花瓶。

來。初期，一位叫「上田常吉」的老闆開的「上田屋」，經銷山葉鋼琴。後來，鋼琴市場大到山葉自己的「日本樂器製造株式會社」索性來台設點，台灣「出張所」（分店）就在台北最熱鬧的榮町三丁目（今衡陽路）上。山葉鋼琴的廣告也散見報紙和書籍雜誌，還推出分期付款的優惠。

戰前，學習彈鋼琴已普遍到一定程度。宜蘭公學校在一九二五年有鋼琴時，曾經認眞舉辦了「始彈式」。台中霧峰的富豪林獻堂一九二九年給女兒購置鋼琴做爲嫁粧。淡水中學有琴房，學生陳泗治每天半夜溜進去，拿毛毯遮窗戶隔音，熱切練上一小時鋼琴才甘心，他後來成爲台灣重要的前輩音樂家。男人學琴有之，男性鋼琴調音師也出現了；一九三〇年，一對情侶縱身跳軌自殺，十八歲的楊姓男主角就是台中的調音師。前高雄縣長余陳月瑛於一九四〇年到台南就讀「長榮高等女子學校」，她曾回憶說，「幾乎每一位同學都會彈鋼琴」。

戰前鋼琴的世界如此多樣，山葉鋼琴在台灣也如此活躍，所以，添加「戰後」兩個字，描述謝敬忠是「戰後引進山葉鋼琴到台灣的推手」，才符合完整的史實。

多加了「戰後」兩個字，一件小事，卻意謂台灣還有一個戰前的世界，並沒有被遺棄在台灣社會記憶的荒漠。

愛鄉愛土全民票選台灣八景

日月潭在中國觀光客心中的夢幻地位，都市高樓或寶物殿堂都難以並比。隨著陸客如潮般湧來，日月潭的姿態更不凡了。花火音樂會、馬拉松賽，不斷簇擁著日月潭，丹麥手繪名瓷也以她爲題，推出紀念盤。介紹幽美的日月潭，大家都不忘補一句——日月潭是台灣八景之一。

戰後，南投文獻會曾選推南投八景，台灣省政府也定過台灣新八景，日月潭都榜上有名。三百多年前，清廷勢力還侷限在台南地區時，就有所謂的「台灣八景」，但各勝地只集中南瀛，未關照全台。日本時代開始，日本新客和台灣傳統儒紳也拼命造各種「八景」，有人推出台北八景的風情照，也有人作畫題點圓山八景、竹塹八景等等，但仍屬個別文人的雅興抒發。大家選八卻不要九大或十勝，其道理莫名。不過，一九二七年，一場全台民眾票選台灣八景的現代化活動，才眞正爲當前大家熟悉的台灣八景寫下最初的版本。

那一年五月，大概受到大阪每日新聞舉辦票選日本八景刺激，台灣日日新報刊出「社告」，廣徵天下投票。六月十一日起，在今衡陽路和中華路口的報社門前，出現一個胸高的投票箱，箱後有一個大看板，椰子樹影上方寫著「眞正足以代表台灣的風景」、「請投票選出台灣八景」，此後有一整個月的投票時間。

這場投票可以用任何的紙張，但不能比官方印製的明信片大。每一個人要投多少票都無所謂，沒有限制，但是，每張票上只能塡寫一個景點。

像有獎徵答一樣，此番活動也設獎品。從投給八景的票中，每一景抽出五個人，分得五個獎，其中一等首獎是金手錶，二到五等獎品分別是布料、十圓債券、五圓債券和鬧鐘，跟二十年前的彩票（彩券）頭彩獎金五萬圓相比，就知道不算吸引人，不足以誘發投票慾望。但結果卻超乎想像，竟倒出三億六千萬張票。那時全台有四百萬台灣人、二十萬日本人、三萬多中國人，換句話說，平均一個人投出八十幾張票之多。

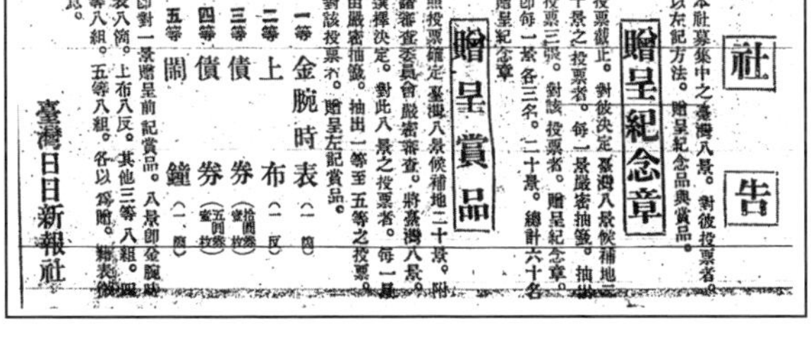
臺灣八景投票者之賞品與紀念品

社告

本社募集中之臺灣八景。對彼投票者。以左記方法。贈呈紀念品與賞品。

贈呈紀念章

投票截止。對彼決定臺灣八景候補地二十景之投票者。每一景嚴密抽籤。抽出投票三張。對該投票者。贈呈紀念章。即每一景各三名。二十景。總計六十名贈呈紀念章

贈呈賞品

照投票確定臺灣八景候補地二十景。附諸審查委員會嚴密審查。將臺灣八景。選擇決定。對此八景之投票者。每一景由嚴密抽籤。抽出一等至五等之投票。對該投票者。贈呈左記賞品。

一等 金腕時表（一個）
二等 上布（一反）
三等 債券（拾圓券壹枚）
四等 債券（五圓券壹枚）
五等 鬧鐘（一個）

即對一景贈呈前記賞品。八景即金腕時表八個。上布八反。其他三等八組。四等八組。五等八組。各以爲贈。聊表微意。

臺灣日日新報社

票選八景活動一開始，台灣日日新報社公布獎品，有金錶和鬧鐘等，也送紀念章。

眞に台湾の風景を代表するに足る
台湾八景を投票して下さい
投票締切日
昭和二年七月十日
臺灣八景
投票箱

白熱化的投票，多少是愛鄉土的競爭心給炒出來了。報紙每一天固定在登排行榜，前四十幾名的地點和票數一目瞭然，排名卻風雲難測，如搭雲霄飛車。日月潭第一天得票爆高，衝到第一名，最後落到第十一。六月下旬直到二十六日，太平山還在前二十名榜外，二十七日起一路挺進，二十九日即躍登第一名，一眨眼，龍頭寶座卻又易手。知名的北投溫泉勝地在投票截止前三天，還居第十二，最後卻狠狠被甩出二十名以外。排名如此高低起伏震盪，輸人不輸陣的心理因而天天被蒸得熱騰騰，郵差每天送來一包一包麻繩綁的選票包裹，總投票數如沖天炮，無止境似的往上衝。

七月十日投票截止，報社職員面對高築的票，日夜揮汗，一時仍整理不完，直到七月底才告完畢。排行榜公布，自是幾家歡樂幾家愁，不過，此時未登八景的日月潭卻不到最後絕望之地。到此爲止，只是第一階段的「民調」出爐而已，必須再經第二階段的專家審查，才是最終結果。

整個選拔辦法頗爲嚴謹，報社發表二十二位審查委員的名單，有台灣美術史必談的畫家石川欽一郎和鄉原古統；有設計日本基督教會（今濟南長老教會）和台北公會堂（今中山堂）的總督府建築

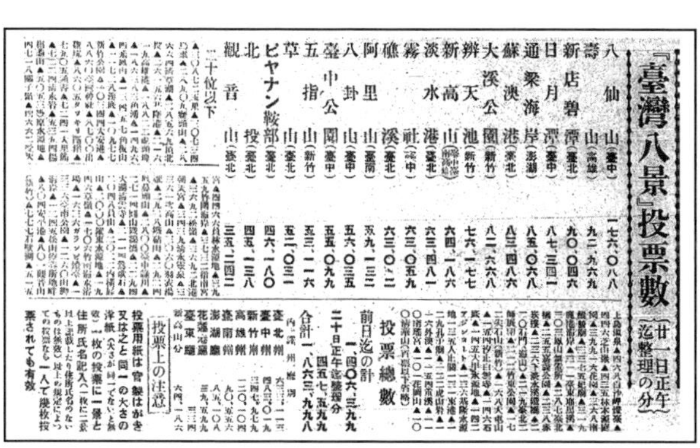
『臺灣八景』投票數（廿一日正午迄整理の分）

八仙山	（臺中）	一七六、〇八八
壽山	（高雄）	九二、九六九
新店碧潭	（臺北）	九〇、〇四六
日月潭	（臺中）	八七、三四一
通梁海岸	（澎湖）	八五、〇六八
蘇澳港	（臺北）	八三、四八六
大溪公園	（新竹）	八二、六六八
辨天池	（新竹）	七六、一七七
新高山		六四、一八六
淡水港	（臺北）	六三、四八一
霧社	（臺中）	六三、〇五九
礁溪	（臺北）	六三、〇[illegible]二
阿里山	（臺南）	五九、一三二
八卦山	（臺中）	五六、〇三五
臺中公園	（臺中）	五五、〇九九
五指山	（新竹）	五三、一一六
草山	（臺北）	五二、〇三一
ビヤナン鞍部	（臺北）	四六、一八〇
北投	（臺北）	四五、一三八
觀音山	（臺北）	三五、二四二

二十位以下

投票總數
前日迄の計 一、四〇六、三九九
二十日正午迄整理分 四五七、五九九
合計 一、八六三、九九八

投票上の注意
投票用紙は官製はがき又は之と同一の大さの洋紙（大さが同一でないと無效）一枚の投票に一景と住所氏名記入（一枚に二景以上記載したり住所氏名のないものは無效）以上の規定によっての投票なら一人で幾枚投票されても有效

右：主辦的報社特別在報社外做大看板，畫上有台灣風味的椰子樹影，寫上「真正足以代表台灣的風景」、「請投票選出台灣八景」，前面再放投票箱。

左：報紙每天公布新的得票記錄，排名前二十的景點，天天洗牌變換。

台北

技師井手薰；還有地位類似今天華航或長榮航空公司總經理的大阪商船會社及近海郵船會社兩位基隆支部長；鐵道部跟旅客輸運有關，其部長也在委員名單內。勝景多山林，所以中央研究所的林業部長也獲邀。委員中還有陸軍中將、海軍大佐和警務局長，以今天的眼光看，就不知箇中道理了。

台籍評審只有一位；當時三十歲的林熊光出身板橋豪門，娶日本太太，小時候就讀過日本皇族學校「學習院」，東京帝大經濟部商業科畢業，雖經營火災保險事業，雅好收藏金石書畫古董，有名於文化圈。

專家組評選八景，也要投票，這部分佔七成份量，先前號召投票採集的民意，則佔三成。日月潭便在專家青睞下，逆轉搶進前八強，和八仙山、鵝鑾鼻、太魯閣峽、淡水、壽山、阿里山和基隆旭岡（是一山丘，即今中正公園，可眺望基隆港）一同上台領得八景獎狀。

八景揭曉，票積如山，報社公開在兩處展示，也很快抽出得獎者。從得獎名單看，選淡水的，都是淡水人，選太魯閣峽的，都來自花蓮在地民眾。台北人不會白白把票投給壽山，選壽山而抽得

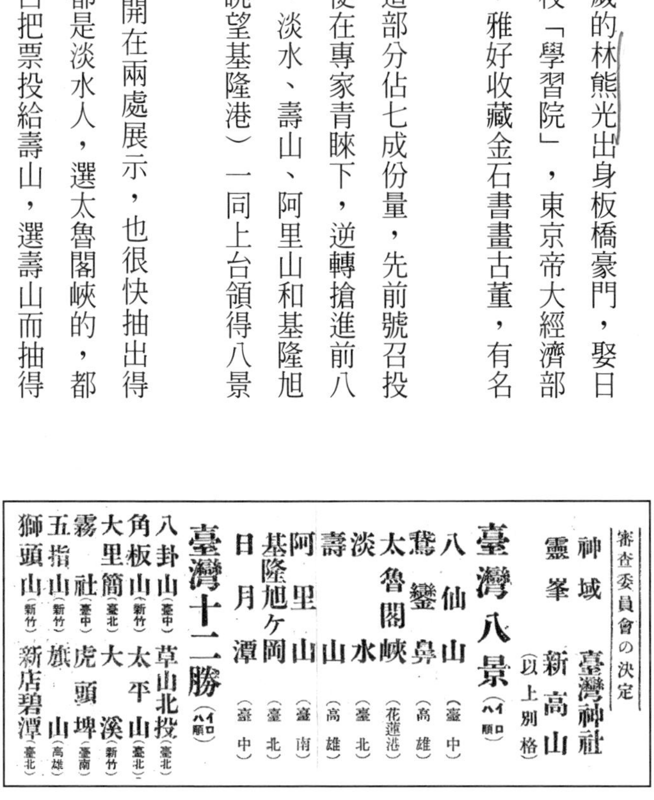
審査委員會の決定
神域 臺灣神社
靈峯 新高山
（以上別格）
臺灣八景（イロハ順）
八仙山（臺中）
鵞鑾鼻（高雄）
太魯閣峽（花蓮港）
淡水（臺北）
壽山（高雄）
阿里山（臺南）
基隆旭ヶ岡（臺北）
日月潭（臺中）
臺灣十二勝（イロハ順）
八卦山（臺中） 草山北投（臺北）
角板山（新竹） 太平山（臺北）
大里簡（臺北） 大溪（新竹）
霧社（臺中） 虎頭埤（臺南）
五指山（新竹） 旗山（高雄）
獅頭山（新竹） 新店碧潭（臺北）

右：民衆對票選八景活動反應熱烈，投票明信片一包一包寄到報社，報社員工每天揮汗整票計票，投票截止後快二十天，才統計完畢。

左：民衆票選結果加上審查委員評分，台灣八景才完全確定。

上：戰前到日月潭旅遊的典型紀念照，一定要和獨木舟、搖槳的水社原住民婦女一起入鏡。
左：日本時代，日月潭之勝，其一就是聆聽原住民敲得咚咚響、聲調高高低低的「杵歌」。

獎品的，全是高雄市民。最好的風景，永遠是家鄉的，這種投票心理，令人莞爾。

整個八景投票充分騷動民間的熱情，不是抽完獎就完了，還有一場別緻的餐聚壓軸。

九月八日六點，夜色來臨前，報社在台北火車站前的鐵道旅館設宴答謝審查委員。踏進一樓的大餐廳，中央擺了大大的長方桌，上擺了台灣的模型，八景所在地各有小電燈亮著。圍著台灣模型，主客紛紛落坐。鐵道旅館爲純洋式飯店，做的是法式料理，今夜特別以八景爲題，做了一套八景宴。

八道菜依序上桌，像似舉著八景名牌進場，各有代表——

雜肴：基隆旭岡

濃羹：日月潭

鯛蒸燒：淡水

牛鐵內焙燒：八仙山

雞肉冷製：太魯閣峽

龍髭菜：鵝鑾鼻

水果：壽山

洋果果實：阿里山

雖然「龍髦萊」是甚麼，難以考證，濃羹以甚麼食材為底，也不知道，但一場以山海美景為題的夜宴，面前有袖珍的燈光綴亮迷你的台灣，即使在室內，牛排也能如山而迎風，蒸鯛魚也夠似夕陽而灑光，為民間一場愛鄉愛土的盛會，記上一個微笑的句點。

一九三三年雙十國慶在台北

柯圭，一個寒微的苦力，自一九〇〇年離開福建來基隆，晃眼已經三十寒暑。雇用他的「南國公司」，用現在的話說，就是外勞仲介商，而且還是唯一台灣總督府授權合法的業者，專門引進中國勞工到台灣。前一年，來台北州的華工就有九千多人，回去七千多人。三〇年之前沒有客機，入出島嶼都靠輪船，所以，平均每天有四、五十個華工在基隆港進進出出。這些辛苦的同鄉背影來來去去，柯圭想必看多了。一九三〇年三月二日，禮拜天，終於換他歸鄉了。

這一天清晨，鳳山丸早已停在基隆港，準備起錨往南中國去。柯圭來台灣時，三十初頭，如今六十一，蒼蒼一老翁矣。朋友好意引領他去搭船。才出海關，不料，他突然暈倒，且一倒不起。報紙小小一隅，簡單幾行說了柯圭的故事，如墓誌銘，要爲他離鄉苦勞的一生，搶留一點爪跡。

像柯圭那樣，以外國人身分居留日本殖民地台灣，卻同顏同膚同語藏於無形，宛如台灣人的中國人，爲數頗多，且逐年增加，一九三六年達到高峰。一九二〇年，全台華工有兩萬人，一九三〇年達五萬人。具象點說，三〇年站在街上，一眼望去，一百個人裡頭，大約就有一個是中華民國的國民。

一〇年代，台灣勞動市場，「一律不足」，有一年，基隆的煤礦區，就引進三百位華人進礦坑。華工有的摘茶，有的當木工、裁縫。中國來的人力車夫更是台灣車夫主力。十九世紀末，報紙說，台北的車夫，台灣人「寥寥無幾」，「清國泉州府惠安縣頭北鄉航海而來者居多」。

到三〇年代，不同鄉籍的華工各自在不同職業佔吃重比例。據《過庭錄》所說，人力車夫多來自福建莆田、仙游。補鍋補傘的，多半是浙江溫州人。山東人身形清晰，多穿長袍，沿路賣布。福州人勢力最大，手藝好，手操剪刀、菜刀、剃刀等「三把刀」，爲台灣人做裳、料理美味、清理煩惱絲。又如一九三七年爆發七七事變，日本挑釁，侵略中國，在台南的四千名華僑驚恐不安，走掉

南國公司由日本商人主持，專門引進中國勞工到台灣。圖為一九一五年的廣告。

一千人，突然，台南的洋服店、鐘錶店就少掉六成，可見中國人在某些工商領域扮演重要角色。

華工以男性居多，女性也有。像專賣局製造香煙的「煙草工場」，女工負責捲煙、裝盒，就有中國籍女性。

日本時代，中國人來台灣不只賺錢的勞動階層，也有留學生。蔣渭水在總督府醫學校就有一位福州來的學弟，叫秦亨潤，自費來台習醫。民國前三年，清廷爲了瞭解警察制度，也派過三個留學生來台，先進艋舺公學校，再升上警官練習所。其中兩人不堪辛苦，半途而廢，只有林培堃學成返回福建安溪。

中日關係始終好好壞壞，但在台華僑愈來愈多，僑界請求設總領事館的聲音還是得到呼應，一九三一年三月下旬，首任中華民國駐台北總領事林紹楠人已在福州等船，台北華僑也奔相約告，要去車站盛大迎接。台灣海峽風浪洶湧，拖延了一些時日，等船開出了海，還是「遲遲不進」。當時沒有大哥大，也沒有噗浪可以搞網聚，一個不確定時間的迎接，其間奔波聯絡要流的汗、跑的路無法計數。

二十七日都傍晚了，林紹楠終於登上基隆。台北僑界頭頭林揚

戰前的台北火車站前廣場。圖右下方的鐵欄杆是鐵道旅館的屋頂，即今新光摩天大樓所在地。

川上前握手。林紹楠身穿黑色禮服，外套後襬長到快及膝，四十一歲，卻「一見如三十歲人」。他的鼻上有像哈利波特戴的ロイド（Lloyd）眼鏡。美國喜劇明星Harold Lloyd戴紅這種圓框眼鏡，日本以其姓稱呼，二〇、三〇年代並大流行。日本名作家大江健三郎現在還戴ロイド眼鏡。戰前台灣人戴眼鏡，百分之九十九也是這一款。

基隆港邊，林紹楠在旗幟和僑胞熱擁下，先到知名的船越旅館二樓稍息，等候火車。此時，許多人來遞名片，忽的林紹楠就被請走，會基隆的僑胞去了。在台北火車站前這廂，報紙形容得誇張，「華僑及他群眾。雲屯霧集。宛然迎神。大有肩摩轂擊。擁擠不開之狀。」還原現場，其實景是站前廣場排了十幾部豪

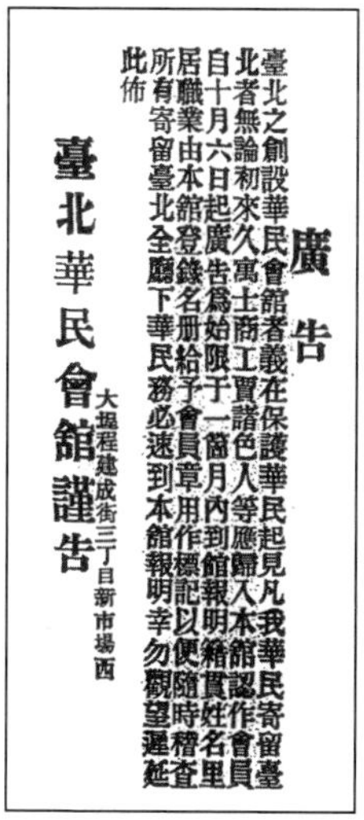
廣告
臺北之創設華民會館者義在保護華民起見凡我華民寄留臺北者無論初來久寓士商工賈諸色人等應歸入本館認作會員自十月六日起廣告為始限于一箇月內到館報明籍貫姓名里居職業由本館登錄名冊給予會員章用作標記以便隨時稽查所有寄留臺北全屬下華民務必速到本館報明幸勿觀望遲延此佈

臺北華民會館謹告 大塭程建成街三丁目新市場西

中華民國駐臺北總領事館布告
玆由本館租定英船羅若雷馬勒號一艘載送失業及願歸華僑預定本月廿四日起由高雄開赴厦門票價暫定三圓分在臺北市建成町一丁目三十番地九福運送店鄭碧華及高雄（地址可詢問高雄中華會館）兩處售票此佈

右：一九〇三年，華僑初在台北設立僑民組織。
左：一九三七年，日本侵略中國，在台領事館刊登廣告，安排僑民返回中國。

華汽車，人潮擠滿站內站外。台北華僑如此熱情，要迎的主神明卻不見蹤影，副領事袁家達只好硬著頭皮先搭火車進台北城。下了火車，人頭鑽動，看不見總領事，大家七張嘴有八個舌，議論紛紛。不過，既如迎神，就不敢有怨，報紙說，經過解釋，群眾「一同諒解而退」。

南京國民政府在台北前後有三任總領事，林紹楠來開館，郭彝民因七七事變後閉館，夾在其間的鄭延禧，任內中台關係最善，以一九三三年的雙十國慶酒會爲高點。

現在台灣對雙十國慶的記憶，不出總統府前的閱兵、呼口號、排字，體育館的晚會高唱「梅花」，似乎屬於戰後的政治影像。然而，戰前台灣確實也慶過雙十，官方民間都有活動。

一九三三年的雙十節慶祝會不再窩在永樂町（迪化街一帶）的領事館舉行，而選在氣派堂皇的鐵道旅館，大概跟鄭延禧的留法氣質有關。從舊照片看，他的法國籍太太並未出席。

當天午前，客人紛紛抵達鐵道旅館。洋面孔的是美國、義大利的駐台領事，穿白色文官服的是日本官員。總務長官平塚廣義之外，有幾位法院首長蒞會；他們三人三「郎」，分別叫伴野喜四

一九三三年，雙十節慶祝會在鐵道旅館舉行，日方多位高層官員出席，中日以外的外國領事也都與會慶賀。

郎、大里武八郎、古山春司郎。台北帝大總長（台大校長）幣原坦也出席了。

會場在一個大房間內，青天白日滿地紅國旗的旗面貼著牆斜垂下來。十一點四十分，主客五十幾人站立就緒，鄭延禧等中方人員面對日本官員，相隔一張桌子，從牆上的大鏡子，他可以看盡日本人的後腦勺。老邁卻不失高大威嚴的辜顯榮也站在他對面。台籍名客還有台北茶商公會會長陳天來。陳的父親陳澤粟原是茶商李春生的廚師，有一年吃完年夜飯，有人密告陳澤粟偷竊，李春生一查，原來紙包著吃剩的鹹帶魚頭，陳澤粟捨不得丟棄，準備隔天早上配稀飯。李春生看陳如此節儉，日後刻意提拔。陳家子弟緬懷父祖，每年陳澤粟忌日，供桌上必定奉上鹹帶魚頭。李家自二〇年代光芒漸褪，陳家反而家道日隆，此刻，更儼然與辜顯榮並列台籍士紳之首。

典禮開始，先由平塚總務長官致辭祝賀，接著鄭延禧致答辭，說完大家舉杯，平塚帶領大家乾杯，典禮就結束了。此時，錶指著十二點零五分。換句話說，典禮前後才二十五分鐘。典禮雖然簡單，但台灣軍司令官松井中將破例與會，對雙方關係頗有意義。

在台領事館慶祝國慶，僑民也辦慶祝儀式，從二〇年代初期就

陳天來（前排右六）曾是台北茶商公會會長，大稻埕商人組織的金融機關「稻江信用組合」（今大台北銀行），他也是龍頭。

很盛大，常一聚會就三、五百人，日本官員也來參加。慶典活動包括唱國歌、聽演講、三呼「中華民國萬歲」，最後去酒樓聚餐。還曾組「數十台」汽車車隊在台北街頭遊行慶祝。到雙十這一天，開店的華僑會休息，店門口也懸掛國旗。只不過，僑社的雙十慶祝，二〇年代拿的國旗跟駐台領事館時期有一大不同。當時掛五彩大旗，一般稱「五色旗」，是中華民國北洋政府的國旗，旗面五條橫線，從上而下的顏色分別是紅黃藍白黑。

北洋政府一直為全中國代表，直到一九二五年，國民黨在廣州另立國民政府，形成南北對峙。一九二八年，廣州的政府北伐統一中國，北洋政府消失，台灣的僑界才不再張掛五色旗。

從在台華僑眼睛所看的戰前中國，就是家鄉，沒有太多倒向哪一黨、忠於哪一派的意識。他們雖然拿五色旗慶雙十，但看國內多難，如基隆僑領陳式三所說，其實「雖慶亦傷」。

一九三七年以後，中日開打，台灣華僑走了一些人，但還是有四、五萬人繼續留下。三八年二月一日，駐台總領事郭彝民搭香港丸離去，不到一週，華僑馬上開大會轉向日本扶立王克敏的「中華民國臨時政府」，太平町（今延平北路）又見五色旗飄揚了。

一九四二年，正值太平洋戰爭期間，中日是敵國，台北的一場動員遊行，宣揚「南方共榮圈」，卻出現「中華民國」的舉牌。此情此景其實並不奇怪，這時的「中華民國」指的是南京的汪精衛政權。

此後到戰爭結束，台灣華僑面對的家國，有各種各地的政權。除了國民黨在重慶的國民政府，還有一九四〇年日本支撐的汪精衛南京「維新政府」。汪精衛也愛青天白日滿地紅，所以，五色旗又不見了。

愛鄉容易，家鄉永遠在那裡，只有青山綠水；愛政權就麻煩了，它人變、旗幟換、主張又不同。可以想見，進入火熱的戰爭，在台華僑也進入另一種煎熬了。

捨不得不愛的農曆年

大家放舊曆年假放得很開心，殊不知春節可是在近代百年洪流裡逆境泅泳，幾經磨難，活過來的傳統節慶。

日本於一八七二年採行西曆，一八九五年日本開始統治台灣，舊曆年岌岌可危。所幸，總督府把政治算盤打一打，認爲放任台灣人的習俗文化，比強制禁絕更利於統治，陰曆年才沒有馬上被掃進倉庫。

日本時代初期，公家機關偶爾還給舊曆年假，像台北地方法院曾特別「施恩」，讓法庭的台籍通譯有三天年節假。日本時代學制與現在不同，春節都在學期中，但也有調整放假的做法，例如一八九九年，台北的日本學生從新曆十二月二十五日開始放年假，台灣學生延後三天放，多上三天課，換取舊曆年的三天假。

一九〇一年春節，台北的大稻埕公學校（今天台北市太平、永樂、蓬萊國小的共同前身）因學生都是台灣人，也好意停課幾天。學校先前一再叮嚀星期一要恢復上課，不過，眞到那一天，乖乖來校的卻寥寥無幾，新聞報導忍不住感嘆，這些「小子」太貪玩，爸爸也太「不嚴於約束」了。

台灣人逍遙自在過了二十年的農曆新年，一九一六年底，第一次的「大水」終於淹過來。台籍上流的商人、醫生、老師和記者共同發起「改曆會」，呼籲「世界事貴大同」，台灣人應跟著改採國際多數人用的新曆，何況連發明陰曆四千年的中國都與世界接軌，把一九一二年大年初一那天改成新曆的二月十八日了。

很快，全台有兩、三萬人響應改曆。這下可好，連基隆名刹靈泉寺都改用新曆來辦受戒會，而且，有些地方改曆會釜底抽薪，並不主張廢掉炊年糕、辦五牲拜祖先等年俗活動，只是要大家把時間搬到陽曆新年而已，農曆年的根幾乎要被拔除。

一九一〇年代，台灣人曾經自發性推動男人剪辮、女人鬆開裹腳布，頗爲成功。同樣出於自發，改曆的號角卻無法摧毀舊曆年。當時發現，雖然上層階級的男人在外敲鑼打鼓迎接西洋年，婦女卻在家拼命炊甜粿、殺雞、拜拜，守著農民曆過台灣年。街上，商店

大門深鎖，主要的交通工具人力車，一到除夕就忽然人間蒸發兩天。戲院倒「日夜皆滿員」，有一年春節，台北太平町放十一集的著名電影《火燒紅蓮寺》，還「大博人氣。後到者不得入場」。連小偷也要等到尾牙後，才「起盜心」，鬧得警察在街頭巷尾跑來跑去。

一九三七年，日本侵略中國，戰爭烽火擴大燃燒，台灣開始推動皇民化，舊曆新年又被捲入漩渦，一片廢止聲。但是，即使到一九四三年，報紙還在抱怨舊曆年難廢；除夕那天，金銀紙大賣，一堆人還是殺去剪頭髮，大年初一，公車班班客滿，顯然，愈禁愈愛得刺激，大家更偷偷摸摸過著難忘的舊曆年。

戰後初期，來台的國民黨政府高官多經歷民初破舊立新的時代，也不大樂意給過春節，民國四十四年，總統府秘書長張群就曾通告府內上下，「民間風俗，於春節賀年，積習已久，迄未革除」，不准官員在春節相互拜年。六〇年代之前，春節只放一天、兩天假，七〇年代放三天，政府機關春節放假，花了一甲子的時間，才慢慢延長到現在的四、五天。

回首百年，只能說，台灣人太愛農曆年了，愛得堅貞忠實，今天才有長長的假，來享受濃濃的年味。

上：日本時代，大稻埕的太平公學校為男校，前身是大稻埕公學校。
下：戰前家中的女性固守著傳統，反而讓舊曆年的習俗不被消滅。

怪怪小偷和大盜

有一種客人叫「不速之客」，譬如小偷，不請自來。

鐘敲過一點，秒針的腳步慢下來，分針拖行到半圈，鐵道旅館已經沉睡。突然，服務生山田撞見一個人影，布蒙著臉，手拿著料理菜刀，正在翻東翻西，害他驚聲大叫。黑暗中，不速之客像被打上舞台聚光燈，嚇得他沒舉刀砍過來，反倒狼狽逃逸。

未傳出旅館住客損失甚麼財物，但一九三一這一年三月底，台北才剛發生重大刑案，火車站內的金庫鎖頭被打開，三千七百多圓不翼而飛，那金額可比今天五、六百萬元還多。台北刑警手忙腳亂，二十九日星期天照樣奔蹄搜索，可疑指紋採到了，一干人等也留置盤問了，仍無法突破。相隔不到一週，三月最後一天的凌晨一點半，蒙面偷兒潛入旅館來湊熱鬧，簡直雪上加霜。

所幸，火車站金庫案「漸入迷宮」之際，鐵道旅館的蒙面帶刀大盜落網了。二十六歲的安武安治原來是旅館的服務生，熟門熟路，其實已潛來偷過兩次，第三次才失手。安武被鎖定後，曾經有人發現他在萬華車站看報紙。現在有全國電子或燦坤連鎖店，嫌犯只要站在騎樓看電視牆，便能窺探警方的動靜；三〇年代可沒有電視牆，公眾場所的報紙等於就是當時的電視牆。刑警推測，安武會再去各火車站和圖書館看報紙，果不其然，四月四日晚上八點，就在圖書館把他逮個正著。

七、八十年前的社會，人心器物，一切都比現今簡單許多。一九三〇年代全台一年的竊盜案有兩萬件上下，只要情節手法稍有離奇的，像是小偷遮個臉，就堪稱「怪盜」，登上報紙。

五年後，有個嘉義的蒙面怪盜更怪。二十二歲的永井太治半夜兩點進到南門町一棟日式住宅，給裡頭的女老師撞著了，乾脆很禮貌表示他要借旅費去滿洲。佐伯文子老師把僅有的現金兩圓六十錢外加一隻手錶丟給他。永井又交代說，要報官，請兩天再去，不然，他只好殺了她。永井顯然有心要當個有禮貌的強盜，最後再留了一封給嘉義警察署署長，上頭寫著：「這一次到貴寶地打擾，非常對不起。」

日本時代，好像不少小偷喜歡「留言」。

五月的夜裡，高雄市三塊厝這邊下著大雨。小偷與老鼠一樣，晝伏夜出。二十六歲的中崎住在今高雄縣的楠梓庄，跑到市區的高雄中學校（今雄中）來尋找標的，在教職員室裡，偷走九十錢。金額不大，夠吃幾碗麵而已，不過，他順手摸走老師的制服「文官服」，大概可以到當舖換點錢。臨去前，良心被杏壇的芬芳催醒，在牆上黑板留言道：「因無旅費行竊，請勿怒。」然後轉到附近的第三公學校（今三民國小）第二分教場，偷得十幾圓，然後，相同的話在黑板又寫了一遍。

一九三四年初春，舊曆年即將到來，一年之中，就屬此刻盜心最火旺。兩個外地人出現在南投的竹山，看準一家「陳協隆精米所」就走進去。精米所就是碾米店，在鄉村地方屬於大店。兩個人跟陳姓老闆說要借筆墨寫信，以前的人眞的心思單純，不疑有他。那天生意照常運行，老闆把錢收到櫃內，兩個陌生人也都收看在眼裡。隔沒幾天，便有小偷拿沾了機油的報紙燒了櫃子。他們沒想到陳老闆早挪錢到保險箱，櫃內空空如也。小偷火大，用碾米機的機油當墨，在桌面上寫下「張竹山」三個字洩憤。

除了留字、留言，另有留尿怪客。此人看起來膽子更大，偷到太上皇機關去了；在總督府翻箱倒櫃，再撒尿留念，氣死督府那些高官。警察抓了好幾個月，還是像篩子撈水。原來十九歲的下村，一路往南偷，最後才在屏東落網。

以行竊地點之離奇，法庭應該勝過總督府。一九三二年，七月氣溫已經很高，時間還是正午十二點，臺南地方法院第四法庭正在開民事庭，張姓原告從恆春來，當他做口頭辯論時，留在旁聽席上的黑皮包，竟然沒長腳也能跑掉。台南警察署獲報此一「怪事件」，刑事幹員全部出動，黑皮包在台南神社找到，皮包裡的五十五圓卻已經不見。

一九三六年七月的火燒島怪盜事件也以發生地點震驚台灣。火燒島就是綠島，孤懸在台東外海的太平洋上。根據前一年的統計，全島才兩千一百多人，除了十二個日本人和八位客家人，其他全是講閩南語的福佬人。台北這邊一個永樂町（迪化街一帶），就有火燒島的六倍人口。

一個僻靜小島，七月十二日卻驚傳「空前の怪事件」。當天，郵便局（郵局）的紅色郵袋被剪破，裡頭的兩千兩百二十九圓巨

在金融機關的窗外，總有貪婪的眼神在窺探。圖為日治前期的台銀桃園的小型分行辦公室。

款，原先準備送交台灣島的台東本局，卻被取走，消息傳來，「頗衝動島民」。說也難怪，小小的島，就這麼三百戶人家，不是張三，即是王五，地毯一掀，就看得清清楚楚，是誰不要命，竟敢鋌而走險。

隔一天，官方開始逐一調人盤問，十五日早晨，派出所前赫然發現一包東西，用九日的臺灣日日新報包住，打開一看，正是失竊的那一堆錢。清點過後，兩千兩百十七圓，只少了十二圓。

小偷可能想還錢消災，但官方不可能歇手罷案。最後，嫌犯浮現了，竟然是火燒島公學校二十三歲的李姓老師。他本來把錢藏在家屋後面的海岸砂中，但眼看哥哥和好朋友紛紛被調查，心生緊張，趕快把錢吐還，不過，偷兩千圓是偷，偷十二圓是偷，偷兩千圓再還一千九百八十八圓，也是偷。錯誤已鑄，李姓老師隨即連人帶案被移送法院。

美國電影裡常出現的結夥偷銀行，八十幾年前，台灣也發生過這等情節。三〇年代以前，台灣的銀行已經不少，台北就有神戶三十四銀行台北支店、商工銀行、勸業銀行台北支店、貯蓄銀行、華南銀行、彰化銀行、台北信用組合等等，各個建築氣派。台灣

上：曾有五人竊盜集團夜侵台灣銀行桃園出張所（小型分行），企圖盜取金庫未遂。
下：日本時代的金融機構多是氣派厚實的建築。圖為台北信用組合，現仍矗立在衡陽路上。

銀行更是箇中老大，台灣各地和海外都有分行。銀行多金，竊賊最愛，但銀行銅牆鐵壁，有金庫保護，偷兒只能望之興嘆。

一九二六年初，有個五人集團，卻結黨壯膽，相中台灣銀行在桃園的「出張所」（小型分行）。傳聞那裡藏有現金一百五十多萬，他們想著就眼珠發紅、嘴角滲著口水。

他們有淡水人，有楊梅人，有士林人，趁子時夜靜人息，嘯聚出發。鄭金福負責躲在銀行的右側把風；以前沒有「把風」這個字眼，報紙寫做「看頭」。其他人攀過矮牆，由窗爬進店內。摸到事務室，正面的大金庫好吸引人，但鎖匙不符，怎麼都打不開。這群賊不死心，相約三天後再來，斧刀剪鋸鎚之類的破壞性傢伙各自帶了，這回換陳地吉「看頭」。大金庫仍然頑固，沒魚找蝦，目標轉向小金庫。結果，敲得咚咚空空，被起來上廁所的青木聽見，一群賊就法網難逃了。

外國電影的銀行盜匪常有車子接應，但戰前台灣很少小偷利用汽車做爲犯罪工具。一九三二年，當台灣出現偷賊利用卡車載走豬仔時，大大震驚社會。

十月二十八日要拜拜，台中市的家畜市場內有數十頭豬已等在

上：台北家畜市場買賣完成的肉豬再送到圖中的屠宰場。
下：台北的家畜市場正在買賣肉豬。

那裡。前一夜，突然一部貨車開來，一口氣把豬隻載個精光。報紙有兩百字的相關新聞，其中一百多字排成粗黑字體，強調犯罪集團作風大膽，在台灣是第一次見。

依現代人想，偷豬有甚麼了不起？一隻豬百來斤，一百斤的批發價十七、八圓，大約普通人一個月的薪水，偷個「數十頭」，就像今天的百萬竊案了。開車偷豬又有甚麼驚人的？一九二五年，全台汽車還不到三百輛，三〇年末，增到兩千兩百多輛，台中州只有五百多部車。這麼少的車輛，追查容易，更襯出小偷的膽子不小。再者，汽車昂貴，買得起車的人理應不必偷竊，冒違法之險，因此，小偷很可能先偷車再去偷豬。總之，以當時的眼光，幹這一票，怎麼想都是膽大包天的「トラック怪盜團」（トラック的唸音近「拖辣庫」，意指卡車）。

許多人懷念日本時代夜不閉戶，然而，小偷像所有夜行性動物，在各個角落低聲喘息，隨時伺機而出，與時代無關。只不過，二十世紀前半的聲光色、衣食行，還如一張素淨白紙，一些怪怪小偷給畫點小圖，怎麼看，都另有一絲簡單的趣味浮出來。

日本時代載貨的卡車，唸成「拖辣庫」，現在福佬人講貨車時仍發此音。

海角七號的那張相片

每個時代有自己特別的氣味，從小細節裡散發出來，就像不同的花兒由花瓣上的小小油細胞決定了不同的香味。

一九一〇年代的汽車，底盤稍高，輪胎小到跟現在的摩托車差不多，輪輻則跟腳踏車很像。二〇年代後期，輪胎大起來，車頂後方呈直角。三〇年代後期，流線型大流行，車體到處圓弧，各時期都不同。二〇〇八年在台灣上映的法國片《花落花開》，描述素人畫家的生命起落，時間橫跨兩次世界大戰，劇中的汽車雖只是背景道具，仍然仔細以不同車型，描繪不同時代的臉孔。

兩次大戰期間，台灣正處於日本時代。台灣因記憶斷缺，烹調複製這個時代的風味，就常常丟錯香料、調味失準，無法照顧到如此的細節。

著名電影《海角七號》的故事觸及日本時代，認真做了歷史考證。不過，經典的劇照「情書」中，友子（梁文音飾）在海邊的黑白照片，四週裁剪出花邊，粗看沒問題，細究就不對了。七、八十歲一代在民國四十年代的結婚照，或是四、五年級幼兒時期坐在照相館藤椅的寫眞，曾經流行裁出花邊，裁一邊、裁兩邊、三邊、四邊的都有。但是，日本時代的照片沒有這樣的作法。

友子提著箱子在港邊苦盼日本老師身影的那一幕，令觀眾心酸，但那一頂白色貝蕾帽和白衣，對日本時代來說，也屬「外星人」裝扮。遣返船上，日本老師穿格子西裝，也非戰終殘破時刻該出現的穿著。即便是時髦俏皮的「黑狗兄」，在活潑的三〇年代也不穿格子西裝。

雖說電影不必也歷史，但歷史上的細節如果可以準確，相信電影人不會刻意拒絕。問題是，日本時代的歷史記憶荒廢久矣，大家不知道的細節太多了，即使專業研究人員也一樣。

二〇〇八年博物館有個咖啡展，展出者苦心用心，幾乎等比例複製了一九三六年開幕的波麗路咖啡館；走進去，彷彿穿過七十

戰後四〇、五〇年代流行把照片裁出花邊。

年的光陰隧道，可以坐在當時的高背座椅上。展場也出現一部三輪車，似乎意在烘托三〇年代的風情，然而，兩者卻是歷史的水火，在時間上互不相容。

一九四五年之前的台灣，有四輪汽車，有車夫邊跑邊拉的兩輪「人力車」，甚至有三輪摩托車，就是沒有腳踩踏板、鍊條帶動的人力三輪車。三輪車在現代人的記憶裡，再古老不過，卻是日本時代還沒誕生的胎兒。戰後初期，台灣還有很多人力車，一九四九到五〇年間，忽地被三輪車推擠出局。早年的雜誌就說，三輪車「如彗星般突然出現，革了人力車的命」。

仔細想，日本統治台灣其實非常久，不只是「殖民統治」一詞可以說完。社會生活在五十年間劇烈變化，各年代穿的用的都不盡相同；不是談到車子，就只有黑頭車，不是提到台灣人，就該戴著斗笠及汗衫現身。政府、學界和博物館各單位，若有計畫理出各種細節的資料，電影、小說、漫畫、動畫、舞台戲、電視連續劇，將有更精準的憑藉，更豐富的想像，來說更精彩的、本地的故事。

老藥房的推銷術

日本時代的前半期，台灣各鄉鎮村庄，總有那麼一條熱鬧的「街仔」，戴斗笠的農民赤著腳，穿西裝的「庄役所」（鄉公所）職員騎著腳踏車，小腿綁得像行軍阿兵哥的車夫，拉著兩輪的人力車快步掃過。街景單純，店家也很單純；騎樓下，沒有寵物店或機車行，沒有信義房屋，星巴克不在街角，大同寶寶不會站在電鍋上對路人微笑。街仔有的是餅店、布店、茶行、鐘錶店、油行、米店、雜貨店，店內總是陰暗，沒有人想到要裝十個、二十個燈泡，沒有人想得到明亮足以吸引客人。不過，賣的跟庶民柴米油鹽緊緊相連，錢還是賺的，其中，又以中藥店爲佼佼者，百年前，報紙曾說：「臺北門市首推藥鋪爲厚利」。

日本時代的藥房，多會自己製藥，成爲吸客的招牌。例如臺中市的日英堂藥房的黃老闆自製「日英補腎液」，台北大稻埕城隍廟

一九三〇年出版的台南影像，可以看到藥房滿是看板廣告，琳琅滿目，門前還有立錐型小廣告塔。

角谷愛國堂
角谷愛國堂藥房
大學目藥
カルピス
トンプク

三輪養元堂藥房
ポリタミン
トンプク
ポリタミン
商

旁南街（迪化街）的乾元藥房監製的「何首烏七寶丹」、「元丹」和「平安散」，廣爲人知。大藥房除了自己煉丹製丸，也從香港、朝鮮辦各種名藥進口，像是台北市永樂町（迪化街）市場前的神農氏藥房，就進口治淋病的香港白濁丸和治男女虛弱的保爾精仙露，屏東市的保安藥房則賣韓國的純人蔘精腦、實母散和大寶丸。這類成藥在歷史大流裡，一直屬偏流，水卻總是不枯；「俗擱有力」的藥名，拍胸脯的保證，總是能給隱匿難言的病疾暗地的安慰。

那時候的藥房跟現在不同，不見得滿屋子都是藥，屏東的保安藥房兼賣台北景美來的烏龍茶，也賣報紙。台南市藥店的騎樓柱子，綁著一個大看板，不用仔細看，一瞄黑人嘴吮吸管的圖案，就知道是酸酸甜甜的乳酸飲料「可爾必思」的廣告。還有，藥房也賣化粧用的白粉。奶水不足的媽媽也可以在藥房買到煉乳。

藥房做生意，早先只需規規矩矩，看板刻著店號，早起開門，入夜關門，就這麼日復一日，頂多貼幾張廣告單在牆上。但是，日本人來，把許多廣告的把戲帶進來。一九〇七年，台南市八條大街打通，街內佈置萬國旗慶祝，街上一家日本人開的愛生堂藥房，趁熱鬧大打廣告，找來一群台灣藝妲坐上花車，鑼鼓隊前呼後擁，在

上：乾元目前仍屹立於迪化街，從現今店內藥櫃上方的字樣「米國人參」，因日文稱美國「米國」，可判斷藥櫃是戰前沿用至今的古物。
下：員林街上，有大型的眼藥看板，房子門柱上也有「中將湯」廣告。

市街遊行一個禮拜。花車裝飾還每天改，每天「爭奇鬪巧。十色五光」。報紙說，台灣人還沒有做過這種宣傳。

慢慢，台灣人的藥店也想出一些廣告辦法。大稻埕的神農氏大藥房是藥界的廣告信徒。老闆巫世傳從員林北上來發展，手腕靈活，印過宣傳單，租三部汽車，到街上去撒。也曾經跟馬戲團合作，只要買香港白濁丸，就送一張看馬戲團的入場券。這個馬戲團到桃園表演，把神農氏藥房宣傳單黏在街上，不料，有個十七、八歲少年竟然動手去撕毀單子。他可不是血氣無處發的無聊少年，而是桃園一家藥房雇來的破壞份子。台北的藥房貼廣告貼到桃園，侵門踏戶，眞是孰可忍孰不可忍，桃園本地的藥商大概如臨外侮，才會出此下策還擊，以固守地盤。

日本時代沒有電視、電腦、DVD，最時髦的娛樂就是去看電影。商家送電影票變成當時普遍的推銷手法，明治巧克力就很喜歡這個方式。大稻埕的名店「東西藥房」也在一九一六年登廣告周知，凡購買該店製造的成藥，分一圓五角以上、一圓以上和五角以上，贈送招待券，請看「活動寫眞」（日文對早期電影的稱呼，日治中期以後改稱「映畫」）。

圖為一九一〇年代中期，大稻埕南街（今迪化街）上的東西藥房。除經營藥品批發之外，東西藥房也賣染料、酒類、化粧品、工業原料和醫療器材。

東西老藥房

台北台灣人經營的知名中藥店「乾元」更會做生意。乾元一八九六年一踏進大稻埕開店，動不動就打折，簡直像丟手榴彈，原本十幾家中藥店馬上五、六間應聲倒地。二〇年代乾元也曾組宣傳樂隊，全台走透透。另外，日本商家會聘請中性打扮的東京松竹少女歌劇團或知名的「天勝」跨海來表演魔術，搞所謂的「娛樂大會」，回饋消費者；乾元不遑多讓，走中國路線，抓緊台灣人的胃口，請來復和京班，演出上海最流行的戲碼《朱洪武出世》。

一九二六年，乾元更是擴大慶祝開業三十週年，舉辦抽獎活動。買一圓藥品，送一張抽籤券，總共發出十萬張，活動規模非常之大，獎額也深具吸引力。第一特獎的幸運顧客可獲得五百圓，大約是普通人二十個月左右的薪水，假如拿五百圓去東門的市立游泳池，可以入場六千多趟。

日治初期，知名中藥店「乾元」已進入南街（今迪化街）。圖為一九一〇年代中期的廣告。

一九二三年，日本皇太子來台之前，乾元又推出新點子。大正天皇的大兒子要來，總督府這邊的神經簡直繃到最高點；皇太子停留一夜的地方，不惜巨資，花上好幾個月，在台北陽明山、高雄壽山、金瓜石，到處蓋「貴賓館」。許多人也因可能近身見龍顏，必須接受身體檢查。當大家都神經兮兮的時候，乾元卻看見無限商機，冷靜籌畫促銷活動。一大堆奉迎皇太子的節目中，有一項是圓山運動會，全島各地學生會湧入台北。乾元藥房便事先到校園大撒「元丹」折價券給學生，一律半價優待，有效期間一個月。元丹類似翹鬍子仁丹，口服幾顆，生津止渴，遠足旅行常備。乾元大量丟餌，八十幾年前上鉤的小魚鐵定不少。

藥房煞似精明，但也有被騙時。有一天早上九點，一個二十一歲的張姓年輕人打電話給乾元，冒名陳清波，要買五十圓的高麗人蔘。說起陳清波，在大稻埕可是無人不知，他爸爸陳天來居茶商龍頭，陳家的漂亮豪宅目前還矗立在貴德街說風華。可以想見，乾元一聽大少爺要人蔘，即使售額頗高，也不疑有他。跑幾條街一送過去，陳宅門口果然站了人等著，自稱是佣人，如此這般，人蔘就給騙走了。

中藥房被騙人蔘，西藥房也被騙過仁丹。一九二四年，下午四點，一通電話打進台中的全安西藥房，聲稱公學校遠足，要訂總價四十圓的仁丹兩百包，約合今天的好幾萬元。藥店小弟到校門口，果然看見一位西裝畢挺的年輕老師。老師收下仁丹，要小弟回去拿收據。隔天，小弟拿了收據再回學校，才發現根本沒有訂購仁丹這回事。

被騙的苦主其實是「全安堂」，報紙所以稱為「西藥房」，大概因老闆盧茂川曾赴日唸藥劑學，跟傳統漢藥店不一樣。日治以前，台灣並沒有藥店叫甚麼甚麼「藥房」，多半就是個店名，要不就加個「堂」或「號」，例如日治初期較知名的有「年茂」和創立於一八五四年的「添籌」。日本人來，開始有「三省堂藥房」、「積善堂藥房」等等「藥房」，台灣人的藥舖才開始有「東西藥房」、「神農氏大藥房」。

現在的西藥店有稱藥房的，有叫藥局的，這也跟日本時代藥店發展有關。日本統治台灣初期，藥局多指那些在醫院或診所的取藥處，公立醫院的藥局內有專學西洋藥的藥劑師，私人診所的藥局內則有所謂的藥局生。一九一〇年代以後，慢慢有台中醫院的藥劑師佐藤重利、台北醫院的藥劑師成田清普離職創業，開設「濟生堂藥

局」和「高砂藥局」，台籍記者謝汝銓也開「保和藥局」賣西藥，藥局慢慢登上街頭的看板，預告新時代的到來；從此，西藥一直長大，排擠中藥原先扮演的重要角色。

從日治五十年的報紙廣告看，藥品廣告永遠活躍。特別到後期戰爭中，除了電影廣告逆勢花俏，病痛也不畏戰爭，藥品廣告始終屹立不搖。不過，日治前半期和後半期，藥品廣告有很大不同。

前半期，多是丹丸散湯，後半期，就很接近現代熟悉的西藥系統。藥廠不再是明治以來的津村順天堂（中將湯）、藤井得三郎商店（龍角散）、樋屋（奇應丸）之類；今日大家耳熟能詳的日本幾大藥廠，武田、田邊、三共、第一、塩野義代之而起，逐漸出來擠版面，推出的盡是維他命、荷爾蒙、魚肝油等西方藥品。現在大家還很熟悉的營養藥「保利他民」、酸痛藥膏「擦勞滅」、治蚊咬的「面速力達母」（即「曼秀雷敦」），戰前也早早開始調理台灣人的身體了。

三○年代以後，像面速力達母這種舶來品牌、設計手法現代的藥品廣告不斷湧出。

鐵達尼船難消息在台灣

一九一二年四月十四日的凌晨，距離台灣千里外，黑漆的大西洋上，巨輪「鐵達尼號」原本沉穩的處女航序曲，剎那間變了調；冰山修改了音符，直逼她斷了魂。

葬身冰冷海底的無辜生命，超過千人，世界爲之大震驚，餘波似乎長達百年之久；九〇年代，以船名爲名的電影，重現災難場景，世人再次驚嘆。

看過電影，我的孩子提了一個問題，「那時候的台灣人知道鐵達尼船難的事嗎？」

以前沒有網路，沒有電視，答案只能往報紙找。當年最大的報紙《臺灣日日新報》給了肯定的答案。有九則相關的新聞，其內容如電影再現。

報紙幾已描盡鐵達尼的沉船慘事，台灣讀者會知道，鐵達尼

「爲世界空前之巨船。乘客中。有大富豪。及名士。即彼等身上所帶。亦有一億鎊」。單單美國不動產大亨「河斯多爾」（即John Jacob Astor）一人就帶了三千萬鎊，比當時任何台灣人都有錢。他正「於新婚旅行之歸途」，其死「尤可慟也」。

報紙說，災難發生當晚，「前面忽見一大冰山浮流水面。距船不過四分之一英里。事急不遑轉輪。竟致斷撞。」船上的婦人小孩都獲救，一千五百名男人「終至葬魚腹」。船上有救生「小艇共十六隻」，艇上乘客有的穿禮服，有的穿「褻衣」，在海上漂流四、五個小時，但「寒氣殊甚」，仍然有四個人在獲救後不幸凍死。算一算，從海上死神魔掌逃脫的，頭等艙有兩百一十人，二等艙一百二十五人，三等艙兩百人，連同其他船員、火夫、廚夫雜役，共七百四十五人幸運被救回紐約。報紙直指救生「小艇不敷」，才害得那麼多人葬身海底，「此後各商輪宜多備小艇」。而「臺達尼克號」將沉時，「音樂長某氏不動聲色。從容而起。指揮樂隊整齊鵠立。演奏音樂。竟至沉沒。尚不絕聲。」在電影裡令人感動的一幕，舊報紙上又多了一點訊息；這一位樂隊成員在英國家鄉舉行葬禮時，「與禮者共及三萬人之多」。

生活在日本時代的人，如果有閱報習慣，一九一二年完全可以瞭解美國「達夫特」（塔虎脫）和「盧斯福」（羅斯福）都「有意重充大總統」的選情。他們一九一〇年會知道有位美國小姐拍賣初吻，捐做慈善；一九一五年有荷蘭科學家發明不需手持聽筒的電話；一九四〇年泰國在選美。

以一九一二年的《臺灣日日新報》來說，一天有八個版，除一版日文廣告，一版副刊小說外，有六個新聞版，其中兩個版是中文，內容和日文版新聞不盡相同，以鐵達尼沉船事件來看，甚至比日文版詳盡。不過，國際新聞的數量龐大，兩版則沒有差別。

關於對岸中國的內政外交，報紙也常常大幅報導。台灣第一位醫學博士杜聰明曾回憶說，一九一二年前後，他正在總督府醫學校唸書，同學們「每朝起床就閱讀報紙看中國革命如何進展，歡喜革命成功」。這群學生包括蔣渭水、翁俊明等之後的政治名人。

如果遠眺一九一二年，歷史概念被清王朝倒下佔滿，的確很難想像，同年的台灣也有耳朵眼睛開向整個地球，知道天外有個鐵達尼。事實上，以報紙為翼，台灣早年一點也不封閉，放眼就看得到、伸手就摸得到世界。

一九一二年，台灣的報紙說，「前面忽見一大冰山浮流水面。距船不過四分之一英里。事急不遑轉輪。竟致斷撞。」導致鐵達尼號沉沒的海上大災難。（法新社）

豪華世界郵輪初體驗

都說基隆一個月要下二十五天雨，四月四日，港邊一如往常，細雨綿綿。

有個洋人匆匆要搭船離開，一群身穿深咖啡色「蓑衣」的搬運苦力吸引住他的眼光。洋人停下腳步，比手劃腳，苦力馬上意會，脫下蓑衣賣給他。洋紳士從西裝褲口袋掏出四、五張鈔票塞給苦力，然後把蓑衣舉得高高，彷如秀出戰利品，喜不自勝，揚長而去。

苦力這一廂，也不知道手上握著這幾張外國鈔票值多少錢，隔天到臺灣銀行一換，才發現大得驚人，有十五圓，跟摘茶女一個月能拿的工錢差不多，也足夠一個中學生搭船到東京。

這位洋先生，不知其名，只知是一九三〇年參加旅行團，坐豪華郵輪環遊世界的客人。他所搭乘的Franconia，跟Laconia, Resolute,

Belgenland, Australia等幾艘兩萬噸上下的郵輪一樣，一九二三到一九三三年之間，如春天的候鳥，總在二、三、四月間，輪番停靠基隆港。

不過，這群郵輪可不眞的如候鳥小巧，一九二八年來的Belgenland雖然比一九一二年沉沒的鐵達尼號小了快兩萬噸，兩萬七千噸的身軀還是比當時日本的第一巨輪太陽丸大一倍，報紙不得不驚呼，「這船像一座山」。當時台灣人的大船概念，是那些遊走日本和台灣間的定期客船，但以蓬萊丸來說，也只是Belgenland的三分之一而已。二月八日拂曉，Belgenland抵達基隆，剛好也在港內的吉野丸，看起來簡直就像是Belgenland爸爸帶的小孩。

郵輪觀光團都由紐約出發，橫越太平洋，停靠四、五十個港，遊訪四、五十個城市，花一百三十幾天穿梭東半球，最後再回到紐約。每地停留時間不出一、兩天，基隆這一站，只安排一天，有鐵路專車接駁遊台北。天之將白靠岸，午後四點左右，就必須離開台北回基隆，華燈初上，即要出港，朝下一站上海去了。

雖來去匆匆，但每一次兩、三百個碧眼金髮的洋人轟然擠進台北，依然帶給台北的春天一記另類的雷公驚蟄。

現在沿著台北市的麗水街走一趟，很難不遇上一個金髮或棕髮的年輕人。一百多年前，台灣人卻還不怎麼看得懂藍眼洋人；十九世紀下半葉，當時來北台灣傳教的馬偕牧師說，有一位住淡水的西方婦女走到街上，台灣人瞪著她，議論她究竟是男人還是女人。到一八九六年，日本統治的第二年，台灣人可能弄懂洋男洋女了，但那時台北的洋人才十一個。一九三〇年前後，全台看得到的洋人也不超過一百，他們不是洋行職員、學校教師，就是教會系統的傳教士和醫生。因此，突然有一天，兩、三百個西洋臉孔，像快閃族一般出現在台北城，無疑是八十年前的人文奇觀。

一九三〇年四月初，環遊世界的豪華郵輪又把幾百位洋人載到基隆，圖為當時觀光客走出台北火車站的盛況。

記者筆下的「蒼眼」、「珍客」，來自西方各國。一九三二年的郵輪Resolute載來兩百五十多位旅客，其中美國人最多，有兩百二十三人，其他則是德國、阿根廷、捷克、墨西哥、法國、波蘭、匈牙利、瑞士、比利時等國的紳士淑女。當他們各個華服現身台北街頭，報紙形容宛如一場「人種展覽會」。年年看一次這種旅行團，記者已會比較；一九三〇年四月來的Franconia，「這回美人很多」，一九三三年來的，「老媼居多」。

愈看愈細，記者還注意到有婦女從船上帶下來「魔法壜」（保溫瓶），內裝溫牛奶。她們到鐵道旅館（舊址於今新光摩天大樓）吃中飯，面前鋪白巾的餐桌上，放著木瓜和柑仔，一旁傳來悠閒的小夜曲，她們「如小白兔的嘴」說：「眞棒的音樂！」連她們以左手吃麵包，記者都有話要說：「因爲她們是西方人，所以不會笨手笨腳。」

漂亮女生更不會錯過。除了未婚的艾莉思美到被記一筆，Ruth Elder更是一九三二年豪華郵輪Resolute上有名的第一美人。一九二七年五月，林白成功無著陸駕機飛越大西洋之後，Ruth Elder就跳出來說她要當女林白。此話一出，大家都懷疑這位女演員藉機炒知名

上：總督官邸的二樓後方有陽台，可俯瞰水池庭園，也可以一窺城內風情。
下：歷年即使郵輪不同，載來不同的客人，但他們在台灣唯一的一餐，不吃台灣風味菜，而固定前往鐵道旅館饗用西洋料理。

度，但年底，她果眞跟一位有執照的男飛行員升空挑戰了。雖然，最後迫降掉落大海，仍不失爲勇敢的女性，享有盛名。

一九三二年三月三十一日清晨六點，Resolute靠抵基隆，新聞記者就聽說Ruth Elder在船上了。陪伴同行的是她的第三任丈夫小華特坎帕，也是名流，人稱其父老坎帕（Walter Camp）「美國足球之父」。Ruth Elder一生共有六位丈夫，最後一位還結了兩次婚。和坎帕結束郵輪旅行，這一年，也離緣分飛了。

另一位知名的旅客離去後，噩運也找上門。對前耶魯大學校長Arthur Twining Hadley來說，一九三〇年二月十九日抵台的澳洲號是一艘死亡之舟。

在耶魯大學近三百年歷史中，Hadley是第十三任校長。不甚吉利的十三，他卻穩坐大位長達二十二年，從一八九九年開始，帶領耶魯跨入二十世紀。Hadley校長在台北時看起來很健康，記者還拍了照放在報上。但相隔不到二十天，就傳出惡耗，病逝神戶。

一九二九年經濟大恐慌，拖帶出好幾年的不景氣，參加豪華郵輪之旅的人雖然減少，卻無礙富翁的遊興。七千圓到一萬五千圓不等的旅費，要丘陵採茶的台灣姑娘做四十年到八十年的工，才上

環遊世界的觀光客遊台北，有幾個必去的景點：位於今圓山飯店的台灣神社（上）、二二八紀念公園的博物館（中）和南海路植物園內的商品陳列館（下）。

得了船。於是，郵輪上可見的，多像耶魯大學校長這種有來頭的人物；國際扶輪社的總裁、南美的外交官、鉛筆大王、船王、律師、演員、作家，各色名人都有。

總督府非常重視這一批批的貴客，即使短短一日遊也不放過。郵輪旅客來台北，固定遊覽台灣神社（今圓山飯店）、博物館（今館前路底的台灣博物館）、龍山寺、專賣局（今南昌街的煙酒公司，參觀樟腦製作）、植物園（今南海路的植物園，其內原有商品陳列館，展示台灣特產）各景點之外，中午一定在紅磚洋風的鐵道旅館用餐，午後總督再邀至官邸（今凱達格蘭大道上的台北賓館）辦茶話會，招待柑橘、香蕉和烏龍茶。有時在庭園擺長長的桌子，客人自由立食，有時在官邸二樓陽台放一堆小圓桌，客人居高，吃午茶，也饗台北的人情風光。

總督府禮數十足，其意不在交朋友，拼經濟、拼觀光才是目的。通常一下船，港邊就有商店專爲這群高消費力的名紳貴婦設攤。吃完飯，鐵道旅館的大院子照樣擺出一大堆原住民蕃刀、大甲草帽、斗笠、布袋戲偶、蛇皮拐杖和珊瑚別針，瞄準洋人荷包。最後，商品陳列館磨刀霍霍，等著再刮肥羊的第三層皮。往往洋客前

三〇年代初，當兩、三百個郵輪洋客進入台北，火車站前就停滿汽車，分成兩隊，車上掛著「A」和「B」的旗幟，載他們展開台北一日遊。

腳一走，後腳大家就細細碎碎計算一天下來到底賣了多少錢，比去年多，還是比前一團少。

其實，台灣各類土產中，官方推銷烏龍茶最力，但看總督臨別持贈每人六兩裝的烏龍茶兩罐，可想而知。美國從一九二〇年初開始，一路禁酒到一九三三年，逼得美國民眾以茶香取代酒精，拿走全球茶需求量的九分之一，台灣自要把握這個賣茶的大好時機。

街上民眾看這群「聯合國」稀客，跟大稻埕茶商的眼神就不相同了；他們不看人家腰纏多少貫，只看熱鬧。兩百台人力車或八十部汽車，綴成一線，如珍珠滾動過街。沿途所到，何等風景？漢文的報紙用了「觀者如堵」來描寫，似乎比「人山人海」更有想像空間，更有頭擠頭的動態感。

當年的洋人大叔最熟日本三樣東西——藝妓、武士和切腹，所以在台北遇見日本藝妓，藝妓看見汽車裡的外國人，大呼不可思議，洋人卻一付熟人模樣，輕鬆打招呼——「哈囉！」。

西方人生性活潑大方，有一回車隊開進植物園，正好遇見一群二、三年級的小學生在寫生，他們也是拼命揮手、猛搖手帕，逗得小孩子很開心。

又有一次，經過今監察院前，看見路口中心矗立的銅像，外國客人好奇，問翻譯那是何方神聖。臨時被抓來公差當翻譯的高商學生一下子被考倒，「啊——？」最後胡謅是「有名的總督」。其實那是總督府內一人之下的前民政長官「大島久滿次」的銅像，還好洋人不是來考選官費留美學生，否則，就等著當榜外舉人了。

匆匆熱鬧了一天，洋客人回到基隆，一步一步登船，天色也一步一步被踩黑。鑼聲傳來，舷梯收起，緊接著兩聲沉重的鳴笛，紅色大煙囪冒出黑雲，大船慢慢動起來，即將沒入海和天共張的夜幕。此時，一聲疊著一聲的「GOODBYE」卻從船上傳來；濃純的洋調，讓一九三〇年的台灣讀過一頁海上來的驚奇之後，還要忍不住噗嗤笑出來。即使，基隆總是下著雨。

【附表】日治時期世界觀光郵輪來台概況

抵台時間（年月日）	船名	噸位（噸）	旅客人數與背景	招待與觀光內容	資料來源 臺灣日日新報刊出日期與版次
1923.1.15	Laconia		四五〇人	通譯共二十人；送五百斤蜜柑	19230114-7
1927.	Resolute		三九五人		19270331-3 19280224-7
1928.2.8	Belgenland	27200	三三五人登岸遊台北	十四艘汽艇接駁上岸；原住民二十餘人盛裝歡迎	19280209-2
1928.4.1	Resolute		三六〇人		19280401-2 19280402-4
1929.4.2	Resolute	19692	三九四人中三三四人訪台		19290403-2
1929.4.7	Franconia		三六八人		19290408-7
1930.2.19	Australia		三三〇人	乘汽車遊台北	19300220-7

1930.3.30	Resolute		三八二人中的三五五人到台北；內有鉛筆大王、船王等富豪	總督石塚英藏於官邸接待，並贈烏龍茶；動用汽車八十部、人力車兩百台	19300401-4
1930.4.4	Franconia		三一一人到台北		19300405-2 19300408-2夕刊
1931.2.19	Australia	21860	全員三五八人中二九五人抵台北；有紐約記者、英國貴族		19310212-2 19310220-8 19310220-2
1931.3	Resolute				
1932.3.31	Resolute		二五七人：美國籍二三三人、德國十五人，捷克、墨西哥、波蘭各二人、法國、匈牙利、西班牙、比利時、加拿大各一人		19320401-2
1932.4.4	Franconia	約2萬噸	二二五人，美國籍一六六人、英國四十人、德國和愛爾蘭各一人、比利時六人、法國三人		19320405-2
1933.3.27	Resolute		一九〇人，內含美國籍一三五人、德國一九人、阿根廷六人、英國五人。一〇一人為女性，老婦居多。共一五〇人進台北參訪。		19330328-8

台灣歷史因緣地

3

台灣銀行「重返」上海

台灣銀行向中國申請設上海辦事處，已經五、六年了，依兩岸情勢，獲准似乎早晚的事。假使如願，台灣銀行將不是初登上海，而是「重返」上海。

台灣銀行非常老，跟十九世紀還沾上邊，創立於一八九九年，也就是日本時代的第五年。日治下的台銀，猶如台灣總督府的「中央銀行」。當時，台灣有自己的台幣，紙鈔由台灣銀行發行，有一圓、五圓、十圓和一百圓等面額，銅板才與日本本國互通流用。

依日本時代的生活經驗，一百圓比兩、三個月薪水還多，百圓大鈔遠比現在的兩千圓鈔票更加少見。各面額鈔票的背面都印上鵝鑾鼻海邊及燈塔的圖案，唯獨百圓鈔的背面右方，還多了濃綠的檳榔樹，於是民間戲稱爲「青仔欉」（冒失鬼）。

台灣總督府相當獨立，許多事不受日本內閣節制，台灣銀行

上：戰前原在上海外灘的台灣銀行，圓柱上方有「THE BANK OF TAIWAN」的英文字。
下：日本時代，台灣流通的紙幣由台灣銀行發行，兩圖分別為紙鈔正反面。

THE BANK OF TAIWAN

100
臺灣銀行券
百圓
見本
000000

100
臺灣銀行券
百圓
見本
YEN

也不以小殖民地的地方銀行自限，新創之初，就快步向海外拓點。一九一〇年之前，南中國的沿海城市，廈門、福州、汕頭都已設分行。一九一一年，台銀挺進上海。接著整個一九一〇年代，台銀向世界投遞名片，陸續成爲新加坡、倫敦、紐約、印度孟買金融街上的一員，其腳步甚至比去桃園和南投還早。

戰前的台銀，在上海留下深深的印記。說戰前上海的繁華，一定要說租界；租界起點叫「外灘」，原是臨黃浦江的一片泥灘，英國人從這裡開始埋樁造樓，一步步引領上海走向現代化。到了三〇年代，外灘有二十幾棟高聳宏偉又古典的建築，一字排開，既是摩登上海的地標，也是上海躍爲國際大城市的定裝照。

在這群身分不凡的大樓隊伍中，有一棟略顯小巧，但平常人若步向大門，四支粗壯的長柱，應有仰望希臘神殿的渺小之感。柱頂上方，有一排英文字，從左到右寫著「THE BANK OF TAIWAN」，就是「台灣銀行」。目前，這棟台銀上海支店的舊樓仍日夜凝視著黃浦江水，只是英文行名已經被更大、更亮的「招商銀行」四個字取代了。

台灣銀行會在上世紀初銳意國際化，跟「頭取」（等同於董事

柳生一義領導台銀十幾年，把台銀帶向國際，新公園（今二二八公園）內有其銅像。目前基座仍在，只不過改豎了孔子像。

長）柳生一義有關。他畢業於東京帝大，先任台銀副頭取，一九〇一年出任頭取，長達十幾年，其間到歐美考察，被認定對台灣財政發展有功。日本人曾在台北新公園塑立銅像。現在，若從公園路人行道左轉襄陽路，左手邊馬上可以看見一個圓弧牆面，走進去看，弧牆內包拱著孔子像。銅像基座上，原先站的正是柳生一義。

柳生此姓在日本很容易教人眼睛爲之一亮；德川幕府初期，第二、三代大將軍的劍術老師就是柳生宗矩。柳生宗矩寫了《兵法家傳書》，標舉劍道「無刀」的禪境界，與宮本武藏的《五輪書》同爲日本劍道兩大經典。柳生一義即來自這個劍道宗師的家族。

日本時代，台灣跟上海除了有台銀大樓這種金融因緣，電影和服裝等流行文化受上海薰染，更是深刻。一九二〇年代台北數一數二的酒樓「江山樓」，老闆吳江山也是觀覽上海之勝，才大手筆蓋豪華高樓的。兩地的關係千絲百縷，眞是一時三刻也說不完。

日治時代台銀的紐約分行，有幾個洋人面孔。

東京火車站的呼吼

二〇〇五年，五月初，我到東京，去找一座銅像。

我不知道那銅像尊容誰屬，只知它出現在一張非常重要的台灣歷史照片上。這張歷史照片被用於《台灣霧峰林家留眞集》及李筱峰教授所著《台灣史一〇〇件大事》的封面，珍貴意義不待贅言。

這張照片是日治時期臺灣議會請願運動的代表影像。請願運動的意義，一方面是台灣人開始學習現代的政治運作模式，將不滿的意見，以筆和口代替刀棍，向民意機關表達。更重要的，這是一場長達十四年對抗殖民專權統治的運動。年年透過知青士紳收集簽名，把或千或百人連署的請願書，帶到日本帝國議會呈遞。寄望列入議程，形成討論，對臺灣總督府施壓，讓台灣人有選舉議員、組織議會、監督預算等權力，以打破總督府集行政、立法、司法權於一身的獨裁統治。

戰前台日交通主要以大輪船爲主。請願代表年年總是船行五天四夜後抵達神戶港，再轉搭火車進東京。一九二三年起，連續多年，每次都有年輕留學生到東京車站迎接。留學生手拿「平等」、「自由」、「打倒專制」的旗子、唱「臺灣議會請願歌」、呼「萬歲」，再分乘汽車前往神田區、牛込區，沿途散發傳單，成了一九二〇年代幾次請願的儀式。

一九二三年起，連續多年，年輕留學生都到東京車站迎接設立臺灣議會請願運動的代表。留學生手拿「平等」、「自由」的旗子、唱請願歌、呼萬歲，再乘車散發傳單，成了一九二〇年代幾次請願的儀式。

歡迎臺灣議會請願團

東京火車站對台灣人和對日本人有著不同意義。

東京行前，我做了功課，但只知照片在一九二五年二月東京火車站前拍攝，我也找到戰前東京火車站舊照，確有一座銅像在遠處若隱若現。但不知道他是誰，如今焉在。比對地圖和舊照可知，請願代表一行應從火車站右翼的「降車口」（下車口）出來，往右前方不到一百公尺的銅像下，拍下紀念照。

但我按圖從東京火車站鑽出來，一眼望去，卻是甚麼突出的亭樑柱像也沒有。轉了站前廣場一圈，才赫然發現車站正門口，一群灰鴿聚處，正是銅像所在。這座銅像在一九一四年東京車站落成當年植上去，以紀念日本鐵道之父「井上勝」。井上勝一八六八年出任「鐵道頭」（鐵道總裁），帶領興築日本人自力完成的第一條鐵路。經過仔細比對，寫上井上勝的名字勳位與標示大正三年竣工的紀念銘板還在，銅像則明顯已經改製。

銅像位置和模樣可改，但八十年前台灣人在銅像下的吶喊與追求，將永遠定格於那一張相片上。至此，我終於明瞭，與其說去找一座銅像，不如說我更想去聽那些個年輕而熱情的呼喊。

從東京回來，更發認知台灣歷史並不當然發生在台灣島上，這一點在談日本統治台灣歷史時更爲顯著。其中，東京又可能是歷史

井上勝銅像目前矗立在火車站正前方，
與戰前的位置不同。

藏量最豐富的城市。

日本從屈辱開國，啓動明治維新，決意全面西化，學習歐洲之後，日清戰爭讓他拿到第一塊殖民地台灣，初嚐富強的滋味。對台灣來說，四百萬人雖爲異族入主之辱而齊聲同一哭，但同時意外成爲一個逐漸強勢帝國的一部分，其中的好壞非像切豆腐一樣，可以清楚精準一分爲二。日本統治確實開拓了台灣人視界和觸角，而東京既是一個日本向殖民地人民誇耀的櫥窗，反過來也是台灣人學習近代新事物的重鎭。

日本統治初始，就有連續不斷的「內地觀光課程」，半強迫地讓台灣人到東京一遊。一八九六年初春，首任總督樺山資紀回東京，台北大茶商李春生以「視察員」身分，搭上樺山的「新發田丸」，隨去東京旅遊六十四日。回台後，寫成遊記，分批發表在臺灣新報上。李春生遊東京，是一明顯的開端，此後，許多士紳資產家被鼓勵踏上這條參訪學習之旅，回台後，並發表紀聞於報上。

接著就是因受教育的因素，台灣人來到東京。樺山資紀的新發田丸船上，就載著名義爲「留學生」的李春生孫子和親戚，七個小留學生年齡從十二到十六歲不等。

另外，即便姚土水這般微小人物，也曾在十九世紀末被帶到東京唸書。姚土水的母親陳法正是當年拿梯子給日本軍，讓日軍進台北城的人。接收台灣北部的近衛師團團長北白川宮能久親王把姚土水帶在身邊繼續南進。幾個月後，北白川宮急逝，姚土水就被送到東京唸小學。

往後，許許多多台灣少年少女到東京當起小留學生。東京跟他們關係之深，姑不論知識或見聞，從很多人忘記鄉音，不會講台灣話也可見一斑。

不可否認，台灣的現代藝術、音樂、雕塑，甚至法學、齒科醫學，也以東京爲搖籃，培養出第一代的西洋畫家、音樂家、律師等等。這種情況直到一九三〇年代的昭和時期仍未改變。

除了商紳觀光和留學，台灣歷史在東京發生的另一重點，要屬日治中期的抗日活動。東京車站就是一例，爲台灣歷史舞台提供豐富的背景布幕。

一九一〇年代，臺中的豪族士紳林獻堂和蔡惠如分別在東京巢鴨和澁谷有私邸，和最早一批到日本修學法政的林呈祿和蔡式穀等留日學生時相往返，討論如何改革台灣的政治社會，組成「啓發會」。後來人員摩擦，一九一九年組織解散。一九二〇年一開年，蔡惠如就在家裡邀集留學生，元月十一日重組成「新民會」。成立當時，大家一致贊成應辦雜誌，但沒有下文，因爲經費無著。

三月六日就在東京火車站，蔡惠如即將離開，前往中國北平。臨行他悄悄拿出一千五百圓給來送別的林呈祿，囑咐這筆錢用做發行雜誌，即使一兩期也要創辦，以免讓年輕人喪氣，《臺灣青年》雜誌社於焉誕生。

整個日治時期的抗日言論媒體，《臺灣青年》是個起點；新民會也像是蒲公英，種子飄散，落地生出後來一連串的抗日組織和行動。雖然《臺灣青年》雜誌非單靠蔡惠如的一千五百圓撐起，還有辜顯榮等人捐助更多金額，但蔡惠如當年經商不順，頗有自身難保之態，卻依然願意拿出大筆錢來；今天再站在東京火車站內，蔡惠如那種不願見年輕人失望的長者心情，淡淡而鄭重的話語仍能穿越時光，發出震動人心的力量。

東京火車站完成於一九一四年，當時是一座紅磚的巨型建築，長三百三十五公尺，龐大的體積是一個帝國主義列強的新生可以出門打勝日俄戰爭的一種得意象徵。幾年前，東京人票選東京遺產，東京火車站勇奪第一名。但我知道，東京對我的意義，並不在此。

早稻田的咖啡店

五月初從東京回台北的那一天，班機訂在午後，剩下的一個上午，我想，就去早稻田大學看看吧！

對大學有種偏好，總認定大學生群聚之處，即使沒有書店，也一定生氣蓬勃。幾年前到東京大學門口，進了一家古老的紙店，店內的老婆婆應異國生客的請求，找出「店內最特別的紙」；她從昏暗謎樣的紙堆裡，抽出彷彿一匹布的紙，笑盈盈抱出來說，「這些是在敝店睡了五十年的紙」。我忍不住驚叫，趕快拍拍手，買它一捲轉去台灣繼續當睡美人，而且絕不教王子找到，不讓她有機會被吻醒。

對早稻田大學，筆記本倒是記著「牧舍咖啡館」幾個字。不過，心裡惦著好幾個問號，並不確定現在的早大前面還有沒有這家咖啡店。

日本統治台灣五十年，有許多對抗日本總督府不平等統治的行動。臺灣議會設置請願運動是其中「動作」最大的；跨越十四個年頭，連續十五次跨海到東京去向帝國議會請願。若用傳統中國人的概念來類比，這個行動彷彿「京控」。也就是到京城所在，越級向中央機關控訴地方政府各種胡作非為。雖然不是像古代那樣「哀哀上告」，而是採取今天民主社會都知道的「請願」，但對臺灣總督府的顏面總是極其損傷，如眼中刺、喉上鯁。

談臺灣議會請願運動，《臺灣民族運動史》一書可謂最原始的一手資料，執筆者是當年在東京參與其事的人。這本書上，兩度談到「早稻田大學前牧舍咖啡館」。乍聽起來，次數不多，但十五次的運動中，相關歷史人物穿梭或停留的諸多地點，卻也只有「牧舍」一處是咖啡館；其他不是基督教會館，就是機關、雜誌社。

回台灣那天午前，出了地鐵，發現早稻田大學很容易找；揹背包的大學生就是地圖和羅盤。那天，我是左轉進「早大通り」這條路，直向路底的早大正門走，所以，「早稻田大學前」都走過了，但是，沒有半家店的看板寫著「牧舍」。

早大正門前倒有喝咖啡的小屋子，不會這就是牧舍的變身吧？走

WASEDA
高田牧舎
尾張屋
3,123名
TAC

進去，一大堆早稻田一百二十五週年校慶的紀念商品，從T恤、帽子、茶杯到單字本、小毛巾，預備賣到二〇〇七年眞正的一百二十五週年校慶來時。這裡顯然不是牧舍。不過，這裡的收銀小姐知道牧舍。我興奮聽著她告訴我怎麼找到現在還找得到的牧舍咖啡店。聽起來不遠，沿著早大前的橫路走過去，就會看見。果然離開小店，才沒兩步，前路有座七、八層樓高的建築近在眼前，頂樓罩著黑底白字的看板，寫著「高田牧舍」。

知道我的來意，牧舍咖啡店的藤田老闆娘沒有太大驚訝，一付遇多歷史愛好者的老神在在模樣。她像博物館義工一般流暢的指著牆上舊照解說，馬上就發現台灣的歷史書應略做修正，咖啡店的全名叫「高田牧舍」，不單是「牧舍」。

一九〇五年四月，早大正門前有人開起當時新流行的牛奶館，賣新鮮牛奶，每天早晨還配送牛奶到早稻田創辦人大隈重信的家。因爲牧場位在不遠處的高田町，便取名「高田牧舍」。後來，店主二十五歲的兒子藤田源太郎跟地主借地又借錢，以五圓借款，買了幾張圓桌和椅子，開始做起店頭生意，除了牛奶，也賣西洋料理。

從此以後，百年來，即便早大的正門已改成南門，高田牧舍仍

高田牧舍咖啡店位於早稻田大學南門這邊的街上，遠遠就可看見大樓頂寫著「高田牧舍」。

守候不移，融爲早稻田大學的一部分。學生被不當處分，在這裡開校友緊急大會；運動部的選手以此爲聯絡站；著名的英國教授H. A. Cox在這裡吃飯；知名影星吉永小百合的電影以此爲拍攝景點；吉永從早稻田畢業那天，也在高田牧舍大唱其歌，送別青春。早稻田和慶應大學在神宮球場打棒球大仗時，高田牧舍的老闆娘會給選手做

掛在店內的老高田牧舍舊照。

便當。對鄉下來到東京唸書的早大新生，藤田源太郎夫婦總是不吝出任入學手續的保證人。

台灣議會請願運動在高田牧舍留下痕跡，一次是一九二四年一月五日留學生團體「臺灣新民會」十六人在此會議，決定不受前一個月總督府全台大拘捕議會運動六十幾位成員的恐嚇，繼續請願行動，並且決定幹一些新辦法，像是招待與策動記者、議員，形成輿論和民意壓力。另一次則緊接在半年後，留學生又在此地歡迎從台灣來的請願委員。接著就眞的展開一連串找政客、議員和新聞記者的密集行動。

東京留學生組織選擇高田牧舍咖啡店，與他們的主要活動地盤「神田」其實有點距離。這兩次何以選擇高田牧舍，不得而知，但臺灣議會請願運動與早稻田大學校友關係密切，倒毫無疑問。例如一直指導請願運動的眾議員田川大吉郎就出身早稻田。他還擔任六次介紹議員，台灣人的請願書透過他才得遞送給眾議院。用白話說，田川這個人很幫忙台灣。其他幾位多少因他關係而支持議會請願運動的眾議員，像神田正雄、永井柳太郎、尾崎行雄、安部磯雄，也全都是早稻田校友。

RESTAURANT & COFFEE
高田牧舍

田川大吉郎主張自由主義，長期在日本推動普通選舉運動，所以從頭就以資深運動家過來人身分，勸勉台灣的運動領導人要有覺悟，「倘以一敗即屈，不若不爲爲宜，如抱有所折不撓之志，十年二十載持續之功，方可爲也。」如果把早稻田校友從議會設置運動抽離，沒有他們的幫助、鼓舞與勸誘，很難想像台灣歷史上的議會請願運動可以綿延十五次，讓這個沒有產生具體效果的運動，能換另一種姿態，以次數之多，來驕其後代。

即將放下牛奶杯，準備離開高田牧舍時，有兩個學生模樣的男生坐下來，老闆娘提高嗓門寒暄：「好嗎？」他們聊了起來，明顯相互認識。第一代藤田老闆娘或許也如此刻的第三代藤田老闆娘，曾經親切問候來自台灣的留學生吧！當時高田牧舍寫進台灣的歷史，現在高田牧舍的那一句「好嗎？」又將唧著哪一段故事，走進哪一段歷史呢？

現今的高田牧舍咖啡店擺設平實，
貼近早稻田的大學氣質。

松泉閣給的問號與答案

五月初到東京，是一趟「探勘」的旅行。行前，抱持的信念是「台灣歷史並不當然只發生在這個島上」，我要去找出來戰前台灣人領略的東京各地點，過去如何，今天又安在哉。

有些地方很容易就知道歷史洪流很難沖毀，像是東京車站。對我這樣一位追尋者，東京車站屬於友善的存在。我連地圖都不用攤，路人都不用問，就可以抵達她的門前。有些場所不堪歲月，殘跡不再，卻也還有舊照片，讓歷史的追想不會漫無線索。

但是，有些在歷史書裡出現的場所，像是旅館、餐廳，漫漫七、八十年，外加一個戰爭，還能屹立不搖的，屬於少數。套一句台語說法，她們像是追查者「可愛的冤仇人」，想追，她不給追，追不到。

松泉閣就是連想都不要想的追求目標。去日本前，我所知道的

從明信片上看，就知道戰前東京的松泉閣規模宏大，勝過任何台灣的日式料亭。

松泉閣，只有三、四句的記載。在林獻堂的《灌園先生日記》裡，一九三二年九月七日寫道，台北板橋林家的富翁林熊徵來邀他去五反田的松泉閣吃晚飯，合共十四個人，並在松泉閣「看裸體跳舞」。三天後的晚上，換林獻堂自己找陳炘「往松泉閣看跳舞」。查過網路和手邊的書籍，有「松泉閣」這個名字的旅館，但不在東京的五反田。所以，東京去來，我根本沒把松泉閣列入探查計畫，猜她已經消失了。

只是，「裸體跳舞」留給人無限遐想，到底松泉閣是個甚麼樣的地方，提供了這樣的娛樂？

從東京回台灣後，在一次網路上點查「帝國議會」相關資料時，意外看見一張長長的表，其中一格冒出「五反田松泉閣」幾個字。眞是命運中該被我找到的河裡沙金。一家福島

桃山時代式大建築鴨場の池より見たる斜面

新館の正面　五反田　松泉閣　電話高輪(長)(局)一七六番六五三番三二七四番

縣的古書店在網路上拍賣許多圖片，其中一項正是五反田松泉閣的「繪葉書」，也就是有圖像的「明信片」。

一邊興奮，一邊著急，這世界某個角落，是否也有個人，因爲世間難解的奇怪理由，急著要買這份有七張松泉閣寫眞的明信片？於是，緊張如掛急診一般，向日本朋友青木求援。青木瞭解一遍後，認爲從東京找人寄來台灣，郵寄過海，有海上蒸發之虞，決定找要回廣島渡假幾天的洲澤幫忙親自帶到台北。搭新幹線，東京往東要兩小時到福島，往西要四小時到廣島，青木卻認爲這樣方便、快速、安全。總之，買得到最要緊，過程曲折離奇一點，我並不反對。果然，七張明信片從福島寄到廣島，洲澤又坐飛機帶來給我了。

燈下反覆翻看這幾張發黃的明信片，七張有四張是松泉閣的房間相片，共十一間，各有雅致的名字。是「春日」、「出雲」，還是「桐」、「千種」或「瀧見」？台灣去的那十四位社會名人，究竟席坐在哪一間房的榻榻米上，共賞了所謂的「裸體跳舞」？日本有種由胖肚子男人穿丁字褲，掀開肚皮，把胸部畫成雙眼，肚臍畫成嘴巴的裸舞，他們看的就是這種舞嗎？

傳統印象下的抗日派和親日派，進了松泉閣，便成了一起遊樂的朋友。

旅館
松泉閣

其實，在我心裡，還有比看甚麼舞、坐哪個房間更大的迷惑。

如果從規規矩矩、「標準」的歷史書看，林獻堂和林熊徵（今華南銀行創辦人）始終是日治時期站在對立面的人物。林熊徵當時是第一世家豪族板橋林家的代表，總督府極度拉攏，除了獲任總督府評議會評議員，被大正天皇請去參加宮中御宴，一九二五年參加大正天皇葬禮的三個台灣商紳，林熊徵也在列。當時和現在，林熊徵都被歸爲所謂的「親日派」或「御用士紳」。林獻堂出身全台排名第二大地主的霧峰林家，僅次於板橋林家，卻是一個有台灣民族意識的抗日運動領袖。

一九二四年，正當林獻堂領導的連串臺灣議會設置請願運動，翻揚起台灣熱烈的民氣時，林熊徵和辜顯榮兩人領銜搞反制，召開「全島有力者大會」，指請願運動只是少數人「妄爲空想」，其「不純行爲」，讓人爲台灣前途憂慮。抗日派這邊就再以「無力者大會」還擊，罵有力者大會那群人，「此種腐敗分子，料應絕滅」。而無力者大會在台中召開當天，聚集有一千位民眾，被公推爲主席的，正是林獻堂。

狠狠交鋒過的八年後，一九三二年，林獻堂爲抗日領袖的形

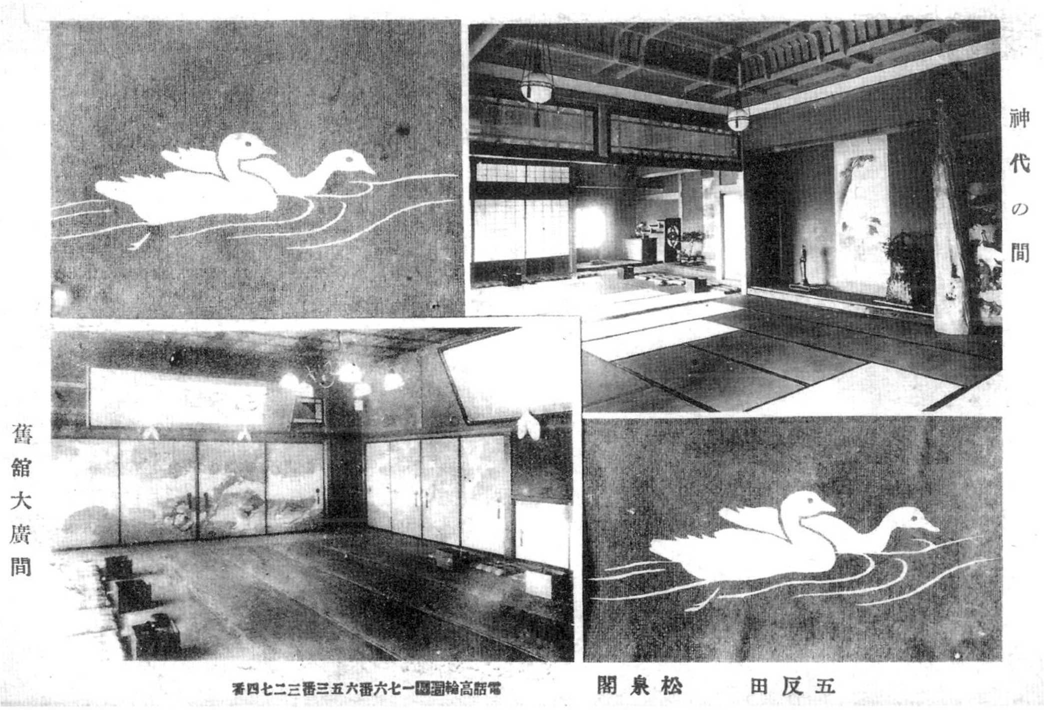

當年台灣商紳在松泉閣聚會，就在
這樣的房間內看跳舞表演。

象並未消滅太多，林熊徵也沒聽說有倒戈情事，他們卻在東京五反田的松泉閣一起遊樂，看跳舞消磨時光。座中的許丙是林熊徵的大總管，後來還獲選爲貴族院議員；盧秋鵬是林熊徵的秘書；郭廷俊則曾任總督府評議員，從來不在抗日行動中現身露臉。松泉閣房間內典雅的飾燈，似乎要點亮「正常」歷史角落或背後隱藏的一個問號。

去松泉閣之前，許丙還帶林獻堂去過一家「Café」。當年的咖啡店有「女給」陪客人，屬於燈紅酒綠的聲色場所。那一陣子，林獻堂不小心出車禍，身體有傷，林熊徵也前往探視。一位叫田川大吉郎的眾議員一直幫忙請願運動，林獻堂請他吃飯時，座中竟然也有林熊徵和許丙等人。

爲什麼在松泉閣的榻榻米上，林獻堂和林熊徵，他們那麼接近，「正常」、「平常」的歷史書裡，他們卻一個天，一個地，歷史把他們隔得很遠？他們對待殖民統治者的政治立場分歧，顯然沒有意思要擴大到割蓆陌路。台灣政治幾十年來的溫和與含混個性，不會拿手榴彈，不搞流血革命，此基因程式好像早已在松泉閣裡演練過一遍。

第一波青春壯遊

站在前輩攝影家鄧南光的百歲紀念展場，如鐵道旁看火車，一張接著一張駛過，東京街頭夾雜在客家的北埔庄、戰時的台北和風月場女性之間，自成一類，我心底輕呼，「對！就是這樣的東京！這就是那一代台灣人會看到的東京！」

劇場裡迷幻的光與影、遊樂地高架上旋轉的飛行船、人聲沸騰的淺草電影街、街頭激昂呼喊的遊行、百貨公司門前的西洋紳士淑女、咖啡店裡摩登女郎的淺笑，就是這些新異的、熱鬧的、明亮的風景，述說一九三〇年代東京的第一次摩登。

東京當然不只這些，但爲甚麼歌舞伎的華麗和服、工業前線的龐然機械、包著頭巾的農婦或黑膚迸出粗筋的工人，不足以抓住鄧南光的腳架、攫取他的鏡頭？與其說東京擺設了多樣活潑的場景，不如說鄧南光有他自己要看的東京，那個切面叫「現代」。

上：不少台灣早期的女醫師出身東京女子醫專（今東京女子醫科大學），像蔡阿信、許世賢、謝娥等人都是校友。圖為一九四〇年前後，該校師生於著名的帝國飯店聚餐。（台籍校友提供）
左：一九二七年底，東亞第一條地鐵在東京駛出。

一百多年前，台北的富裕茶商李春生到了東京，東京已是新奇之地，走在台灣前面甚遠；上野的生物院（動物園）是台灣沒有的，裡頭珍禽走獸無所不有，李春生「多半目所未覩」，忍不住三度造訪。東京的博物院也是台灣沒有的，西制的議會更是台灣毫無概念。李春生還發現東京人「雖小便必濯手」。而東京當時「寫眞之風盛行」，他剛好又剪掉滿清辮子、換上洋服西褲，急著要讓家鄉人一睹他的新氣象，兩次殺到寫眞館。果然寫眞熱正沸騰，「聚滿麗人」，人多到不得不等個半天，而且兩次都是如此。

李春生寫下驚嘆東京的四萬字遊記後二十多年，台灣人愈來愈渴望東京。前國語日報社長洪炎秋的父親反日，不給兒子唸日本人辦的學校，洪炎秋十幾歲就跟同學利用夜間偷學日文，「因爲大家覺得不懂日文，便不能接受新學問」，最後更「偷領了父親在銀行的存款七百元」，拼命似的「逃到東京」，在那裡補習英文，準備升學。

一九三〇年以前，年輕人若留在台灣，最好的發展就是唸國語學校，出來當小學教員，或者唸醫學校，出來當醫生。有心往上爬知識高塔，勢必要離開台灣。出去，出去，去日本唸書，成了年輕

人的時代口號，如長岸的波浪，台灣知識青年成排成堆湧上日本。

學化工、冶金，學經濟、醫學，乃至於齒科，台灣人會散到九州、廣島、京都各地，但志在音樂繪畫雕塑者，卻九成九齊聚東京。聲樂家呂泉生，少年讀了夏目漱石的小說《三四郎》，便夢想有朝一日能像主人翁一樣，到東京開展新生活；第一代西畫家陳澄波、劉啓祥、顏水龍、林玉山也魚貫進入這個世界大都會。台灣第一位西洋雕塑家黃土水則進了東京美術學校，課後曾到四谷拜訪一位義大利人，探究雕刻大理石的工具。黃土水成名以後，仍覺得「台灣刺激甚少」，雖是家鄉，還是該上東京「繼續研究」。

留日洪流中，鄧南光也到了東京，一九二二年先唸中學，一九二九年進入法政大學，畢業後於一九三五年離開日本，恰恰迎接東京摩登時代之來，並以鏡頭見證戰火來臨前的摩登風華。

一九二三年關東大地震後，東京大改造，文化活動像含苞爆發的花，隨處綻放活潑的律動；小劇場出現，東亞第一條地下鐵開通，美國電影天天上演。跟台北Sogo一樣大的百貨公司也如春筍，市民蜂擁消費；上野的松坂屋百貨公司開幕，人稱抗日民族運動領袖的林獻堂當天也去趕過熱鬧。

上：台灣第一個西洋雕塑家黃土水也到東京學習，進入東京美術學校就讀。

下：三〇年代前後，台灣留學生到了東京，殖民地的陰影消失，很容易感受其中的自由與活潑。

飽覽鄧南光先生的作品，我在心裡兀自問著這位翩翩老紳士，爲什麼願意在東京花兩千圓買中古德國萊卡相機？這個錢大到車掌小姐要工作一百多個月，那是出於甚麼樣的熱情和意志？相似於洪炎秋偷錢潛渡東京的一種追新渴望嗎？

雖然斯人已遠，無法回答，但眼前的東京，不只是繁華似錦、浪漫如花的舊東京而已，也不只是罕見珍稀的三十年代影像而已，對我來說，鄧南光拍下的是那一代台灣人的青春壯遊。那些年，他們追趕時代潮流，何等急切，對文明現代又何等激動，他們跨海在東京各角落吸吮養分，學攝影、學音樂、學演劇。是他們義無反顧，點滴積聚，台灣之樹才植根深處，給文化往上壯枝繁花的養分。

右上：戰前東京已有多家大型百貨公司，例如上野就有松坂屋。
右下：戰前東京咖啡店裡的女性客人。
左圖：三〇年代以前，穿圍裙的咖啡店侍女也是東京摩登的一景。

第三國人

二次大戰結束後的七年，是日本近代史最窩囊的時期。日本從來沒有被異族統治過，唯有這七年，美國以戰勝國接管日本，並進行各層面的改造。雖名爲改造，卻也是殖民。這時，有個台灣去的富家子弟張超英，目睹了曾殖民台灣的日本反被殖民的浮生相。

張超英的祖父是台北的煤礦富商，戰前生意做到上海、廣州、香港各城市。他十五歲先被送去香港唸英國貴族中學，之後幾年往返香港和東京之間，最後進入明治大學就讀。美軍佔領七年的東京風景，他看了四年。

「パンパン」是張超英回憶起美軍佔領時期，印象伏得最深，浮上來最快的畫面。這個日語讀音近似「胖胖」，指那些因應四十三萬佔領軍大兵到日本的賣春女郎。她們的父親可能是敗戰後，紛紛從菲律賓、台灣、中國遣返的官兵，一回來就失業或殘病，逼得女兒在街頭露臉。張超英說，「パンパン」女郎總把雙唇塗得好紅好紅，挽著藍眼金髮的美國軍人，走成銀座的活動看板。因爲，聳立在銀座三丁目的松屋百貨店全館被美軍強制接收，改成東京唯一美軍專用的福利站「PX」。「PX」裡頭就跟原來的百貨公司一樣，餐廳、化妝品，洋貨應有盡有，但不准日本人入內。那些「パンパン」常常就流連在松屋外，望著布滿英文字的櫥窗，等待美國大兵買時髦玩意兒出來撩撥她們的風情。

充滿誘惑的「PX」是美軍給自己人的大商場，美國人可以去，日本人被擋在門外，非美非日的台灣人卻被歡迎入內。台灣人在日本天皇宣佈無條件投降的剎那，跟川劇絕活「變臉」一樣，半秒不到，從日本國民幻變成中華民國國民。戰後之初，台灣人去到日本，更因中國和美國同盟，而多出一個身分，是戰勝國人民的一員；頗似站在獅子後的老鼠，不損威風。

當時在日本的台灣人，以戰爭中被徵去當海軍的工人居多，像張超英這種有錢留學生沒兩、三個。依張超英的觀察，在東京，「有一半以上的台灣人」頭腦轉得快，馬上投入黑市。

美軍一開始佔領日本，民生用品和糧食多有管制，後來逐步開

美軍佔領日本，東京銀座三丁目的松屋百貨公司被徵用為美軍福利站，賣許多時髦美國商品。

黒澤
タイプ教室
当社2階

放，但米和糖一直採取配給制度。張超英說，日本不產糖，糖亦形珍貴。他的岳父是台中望族，二二八後，準備坐船逃離台灣去日本。家裡幫他準備兩大麻袋的砂糖，據稱就可供他在日本生活兩年。

糖如碎鑽，從咖啡店也聞得出來。張超英指出，那時咖啡廳的桌上都不擺糖，侍者把咖啡端上桌後，再東張西望，確定沒有警察，才把糖罐放上來。等客人舀了一、兩匙，就迅速收走糖罐。

美佔時期，日本人每月每人約可分到三百公克的糖，台灣人不受此限，於是對台灣人來說，黑市的商機無限。美國佔領軍把各國區分成美國人、日本人和美日以外的「第三國人」，台灣人因是戰勝國國民，歸為第三國人。在日的韓國人不屬戰勝盟國人民，待遇等同日本人，讓台灣人更沒有競爭對手。

台灣人初期還可以進銀座的「PX」，後來美軍知道台灣人買福利站的糖、化妝品種種商品轉賣日本人獲利；美軍接收東京無數建築，銀座旁的京橋二丁目著名的店舖「明治屋」總本店也在強徵之列，這時，美軍委託明治屋經營，設為「OSS」，給第三國人專用，每人限買兩包糖。

張超英指出，明治屋立於一個十字路口的街角，「OSS」限

張超英戰後初期在東京，充分感受到台灣人身分的奇異轉換；戰前是日本的殖民地人民，戰後丕變成戰勝國人民。

買兩包糖，他常常看見台灣人提著兩包糖到對角，丟給接應的同伴，再進去買。當時的台灣人有「戰勝國」的保護罩，日本警察不敢抓，心態上頗爲有恃無恐。歷史的異時空交織出的一片灰色沃土裡，不少台灣人前進新宿買地聚富。現在東京的「地球座」電影城和「東京大飯店」都爲台灣人所有，淵源於此。

張超英笑說，他那時不做黑市生意，不過，學校女同學叫他幫

戰後初期，明治屋被美軍徵用，張超英常看見台灣人不斷進去買糖，轉賣獲利。

張超英海派好交遊，家裡又是三井物產燃料部的代理商，戰後初期結識許多東京上流人物。

忙買時髦的玻璃絲襪和口紅，他義不容辭。日本國產肥皂當時都不香，一些高第名門的年輕男女喜歡稀奇的美國香皂，他也會爲他們跑「PX」和「OSS」。有時順便買果醬和奶油當禮物，日本人無不歡迎備至。

戰前台灣人是日本的二等公民，此刻的東京，台灣人的地位大逆轉。張超英說，那種高日本人一等、享受特權的感覺在搭地鐵時更明顯。長長的車廂，最後一節的半節會掛上「連合國軍專用」的牌子，日本人不准搭乘。一到交通巔峰，前幾節車廂如擠沙丁魚，站員不得不把旅客壓進車廂。最後外國人專用車廂卻一派悠哉寬敞，有時大半節車廂只他一個人。普通火車也如此，日本人必須爬窗戶才能下車，卻永遠有另一節車廂的窗戶，清閒得可看窗外風景。

當時日本窮得沒有外匯，沒錢買石油，日本人只能搭電動計程車。美軍則特別給「大和」和「國際」兩家租車公司汽油，外國人拿美金去銀行買專門券，就能叫車，搭灌了汽油的黑色計程車，又大又舒適。張超英這位富家少爺本就海派好交遊，家裡又是三井物產燃料部的代理商，跟三井派駐紐約返日的高階主管相熟，常常叫車，呼朋引伴去郊遊。這批人有後來的富士全錄社長小林陽太郎、國會議員植竹繁雄、NHK會長池田等等。他們雖然在大公司的管理階層，但身分受限，也頗樂於交張超英這種「第三國人」朋友。

張超英在戰後那幾年，打進東京上流社會，結識了一位重子小姐。她的父親久原房之助是鼎鼎大名的財閥，曾任大臣，也是戰前政界大派系政友會的總裁。他的女婿有眾議院議長石井光次郎、東京急行電鐵社長五島昇和前首相大隈重信的孫子。東京寸土寸金，私家庭園大得還有溪流過的就只有久原家族了。東京人婚宴名所「八芳園」就是向這個家族承租的。

張超英說，日本上流社會自有一套慎重的社交規則，名門小姐初次帶朋友回家，一定介紹給父母親，父母親也一定會出來打招呼。有一天他受邀到重子的家，久原房之助夫婦很禮貌，出來見他。久原房之助還拿出孫文的借條，讓張超英睜大了眼睛。孫文革命時期常在日本奔波找資援，眾所皆知；久原手上的這張借據寫著「出世拂い」，意指「以後出人頭地再來還錢」。孫文後來是出人頭地當大總統了，但錢應該沒還，否則借條也不會出現在張超英眼前。

七年過後，美軍走了，所謂的第三國人沒了，像張超英遭逢的那許多東京奇聞，也無法再現了。

撫臺街洋樓身世之謎

二〇〇七年秋天，單車試新，意外走過一些陌生的街弄。從河堤鑽出大稻埕，擦身北門，隨興游入延平南路。

「哦！甚麼建築？」近望著她，乍時有點恍惚，懷疑自己身在異國。印象中，台北的街景好像找不出可以與之比擬的西洋樓房。挨近一看，土黃色的牆面新刷過，門窗緊閉，門牌上方有文化局的貼牌標示，原來是老太太重披婚紗，即將再次登場的市定古蹟。

自認日日流連日本時代的街頭，夜夜演出穿越時空的想像劇，卻完全沒聽過有個古蹟叫「撫臺街洋樓」，雖然四下無人，也非考試，尷尬還是從胸膛最底層一湧而出。竊想古蹟建築非我專攻，多望兩眼，就跳上單車，轉頭離去，羞愧也快快隨著身體一起開脫了。

這一別，冬天也過了。

新春再來，三月剛開，走進台大，撞見杜鵑和白流蘇，也撞鬼似的，再度遇上這棟古蹟洋樓。

我是爲了瞭解日本時代紳士戴帽習慣，到台大圖書館重查高雄老市長楊金虎的《七十回憶》。老市長曾寫初會楊太太時，他「一表青年」，穿白西裝、戴麥稈帽。這本《七十回憶》藏在圖書館深處的密集書庫。我像一葉小舟，拐來轉去，穿過書山間的峽谷，匆促前行。正要流入密集書庫前，眼角餘光突然平行掃瞄到一本叫《西洋風》的書，於是止住搖櫓，停在江上看起煙花來了。這一大區的書盡是談東西文化的交盪，我嚼之生津，一本接一本翻著讀著。忽然，瞄到書架最高最偏處，不到一公分厚的書背，擠著一串窄窄長長的書名，幾個字立刻自動掃過大腦的C槽D槽，進行超音速搜尋。遺忘區靜止的五個字「撫臺街洋樓」硬是給搖醒了，「啊！就是談那一棟兩層樓古蹟！」

這是受官方委託的古蹟研究調查報告，略翻一下，始知斯樓頑強。幾十年的戶籍地籍都查遍了，還查不出到底建於何時、由誰起造。學者專家會審，談來論去，頗爲遺憾。不過，報告裡的另一段，當下更教我感覺新鮮；閩南話的「亭仔腳」、北京話的「騎

台北市的北門口、延平南路上，有一棟外形與眾不同的古蹟洋房，先前因不確定身分，附近舊名又叫撫臺街，官方於是定名「撫臺街洋樓」。

樓」，日本人說成「檐庇步道」。

那天，帶著兩片稀薄的記憶殘雲，我很快跌回楊金虎的一九二〇年代，他在南台灣動用十部汽車迎娶的浩大排場，想必觀者如堵，孩童拼命在車後嘻笑追跑。

十來天後的週末，兒子的音樂教室在總統府旁舉辦年度發表會，他已經大到寧可父母的參與熱情下降三十度。既被謝絕臨賞，只好知趣，信步走到附近的國家圖書館，繼續翻我的舊報紙。

「我的舊報紙」名叫《臺灣日日新報》，發行四十七年，從日本人來到日本人走。在我看，根本就是日本時代的重大遺址，隨手撥開砂土，就有小碎鑽若隱若現，一閃一閃，輕訴台灣社會蛻變的秘密。《臺灣日日新報》原報紙早已骨質疏鬆，脆弱不堪，館員說，稍微輕輕翻頁，泛黃紙片便如雪花落下。二十幾年前，圖書館開始提供縮小的影印本：B4大小，每本三、四公分厚，藍藍的書皮，足足兩百多本，龐大又笨重，彷彿圖書館裡的一片藍牆。近幾年，我組成一人考古隊，三天兩頭，就在這個報紙遺址挖來挖去。

這一年，爲了探究以前的人怎麼推銷東西，只集中力氣看廣告版。依進度，那一天來到一九一〇年。突然，有個廣告標題寫著日文漢語：「新築落成御披露」，翻成中文，就是「新廈落成正式啓用」。長方形的廣告中有個橢圓形框，框內有一棟模糊的建築，還有一張小橢圓形的人頭照。雖然房子影像不清，但屋頂突出的老虎窗和一樓連開的拱門，跟印象中的撫臺街洋樓非常相似；廣告又說得很清楚，這棟新建築屬於「撫臺街」一丁目上一家叫「高石組」的會社。「哇哈哈哈！賓果！」所有考古員最激情的一刻已經降臨，我的左心房和左心室，我的右心房和右心室，笑到整個圖書館的人都聽到了。

突然，牆上的圓鐘說，該接兒子了，才匆匆拿出小紙片，記下「撫臺洋樓19100702（八）」。這一直是我和舊報紙間的暗號，只要找一九一〇年七月二日第八版，就可以找到撫臺街洋樓的資料。

走出圖書館，總統府矗立，一如過去的九十幾年。貴陽街一側的牆內是舊總督府的紅磚車庫，七十幾年前曾經裝設了美式加油槍。今天一反平常，我不再複習這一段歷史，滿腦子只有撫臺街的洋樓。

先前有個新聞，韓國一位漁夫撈起一隻橘子大的章魚，章魚的八爪緊抓著一個瓷盤，送來一個不凡的線索，帶引考古學家找到高

一則一九一〇年的報紙廣告，完全揭開撫臺街洋樓的身世。

新築落成御披露
本店 臺北
支店 臺南
合資會社
高石組
社長 高石忠慥
營業科目
土木建築請負
諸官衙會社御用達
秋田木材會社
製材一手販賣

麗王朝十二世紀的沉船，尋獲了五百多個無價古瓷，他們驚嘆，這一切都是天意。「也是天意派我來當撫臺街洋樓的章魚嗎？」我一邊走，一邊笑意難止。

這一夜彷彿小學生遠足的前夕，恨不得天用最快的速度跑到亮。一早，星期一國家圖書館關閉，我馬上衝到台大的總圖書館，借出微捲。微捲就是把舊報紙一版一版拍照而成的底片，一格一格的底片印出裝訂，才成縮印本，微捲的解析度強過縮印本許多。

黑色膠捲以心跳分速一百二十下快速滾動，七月二日來了，第一版、第二版……第六版，咦！第七版和第八版並沒有接上來。又見鬼了！當時雖然匆忙，但目光瞪得尖如刀，看得可仔細，洋樓落成的廣告明明在七月二日第八版。不信邪，回頭再查縮印本。「啊——！」圖書館都聽到我的慘叫了，縮印本的七月二日果然、就是、也沒有第八版。假使如來佛手伸得篤定，眼看再一寸，悟空猴兒就要掉進掌心，突來一陣妖風，竟然給吹跑了，祂大概也會像我一樣懊惱。

快跑一天一夜的興奮，終於折夭停止，我雙手握拳蒙住眼睛，如一座雕像坐著。或許洋樓古蹟後悔了，她不想現身。官方標示的建造時間，既推測「一九一〇年代」，卻又加註爲「大正年間」，根本矛盾；至少一九一一年還是明治四十四年，一九一二年的前半年也還是明治四十五年。難道，只因怯場，她寧願再繼續十年、二十年，不明不白站在延平南路，讓「高石組」永遠埋名在歷史的荒塚嗎？

之前的惱，此刻有點轉怒。「好！就當我記錯日期！反正一定在這一大本裡面，再把這四、五百頁翻完，一定可以再把那個廣告找出來。」面對龐大的資料庫，我沒有恐懼的病史，反正我有的是時間。

隨著秒針的節奏，一頁一頁翻過去，七月過了，八月一日也過了，八月二日第一版、第二版……，第七版、第八版，「啊哈！原來躲在這裡！」章魚還是緊緊抓住了瓷盤。猜想九十八年前，高石組的老闆登了廣告，大概就寫好謎題，謎底揭開的終點前還存心戲弄，找排版工人來輒了一角，故意抽出鉛字「八」，改植「七」進去。

重回延平南路二十六號，一切變清楚了。台灣割日當年，福岡人高石忠慥來到台北，是著名營造商「大倉組」的台灣分店主任，六年後，自立「高石組」，原東家大倉組仍是大股東。一九一〇年公司新築竣工當時，高石忠慥已儼然台灣的營建巨頭。新樓遇到的第一個中秋，午後一點，二樓的觀月會就開始了，絲竹音裊裊，從日到夜，似乎說著濃濃的九州鄉愁。

高石忠慥承建許多大工程，二二八公園內的博物館即其代表作，一九一五年完工當年，大同公司老創辦人林煶灶（林挺生的父親）剛好從總督府工業講習所的建築科畢業，進了高石組。

重回延平南路，我不再逃之夭夭，只想跟高石組洋樓握手。是一種無以名之的因緣，她招引我這隻章魚來當傳令兵，從海底到浮出海面，非要把她的出生證明書送給台北不可。這是一件榮幸的任務，也是一趟趣味的旅行，我們已經合作完成。

（原文刊登於中國時報二〇〇八年六月二十五日人間副刊，此樓於二〇〇九年初啓用時，基本資料已經改正。）

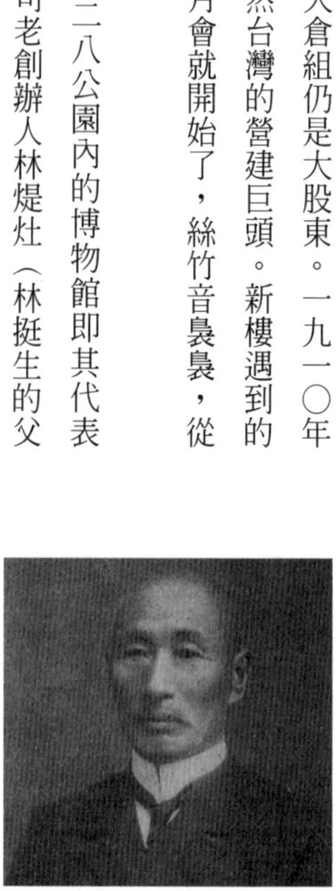

撫臺街最早的主人高石忠慥是個土木營造商，承建過新公園的博物館。

不存在的古蹟

六月下旬的一個午宴後，興起去看董陽孜的書法展。展場在長安西路的台北當代藝術館。和朋友從中山北路走進長安西路，未到藝術館，有一棟兩層樓老建築物先攫走我的目光。開圓窗，框內木條交會成井字，飄出一縷舊時代的氣味來。

整棟建物緊貼馬路，沒有藝術館那種廣場，成排榕樹又把人行道切成兩半，我忍不住退到快車道去一勘全貌。再追上朋友的腳步時，我近乎喃喃自語跟她說，有點眼熟，好像是「日本時代的職業紹介所」。

花了幾天研究，意外發現，貼在入口的古蹟說明，創建年代是錯的，指其原是日本時代的「技藝訓練所」也是錯的。古蹟如人，如果生日和身分都弄錯，她還是她嗎？

翻開舊報紙，吹走擾人的時光之塵，古蹟的身世頓時大白。

上：原建築兩端為半圓狀，戰後被蓋上磚瓦屋頂，像戴了帽子。
左：古蹟衛生局舊樓的說明，創建年代錯誤，身分也錯誤。

古蹟誕生於一九二七年七月，不是官方記錄的一九三〇年。「技藝訓練所」也不曾存在，古蹟最早的名字叫「台北市簡易宿泊所」。

一九二七年元月十日，午前十點，御成町市場（今長安西路的中山市場）旁的空地來了二十幾個人，多是台北市役所（市府）的課長、係長（股長），但稻荷神社的神主伊藤才是主角；他彷彿從源氏物語走出來，頭戴著古日本的黑冠。一陣行禮與唸祝文之後，換市尹（市長）太田吾一把「玉串」放在桌上，那是一連葉樹枝，繫有一串白紙的東西。市尹連續兩個鞠躬拜神之後，挺身擊掌兩聲，再彎腰一拜，即完成所謂的「玉串拜禮」。助役（副市長）石川定俊依樣行了一巡玉串拜禮，日本式的動土典禮「地鎮祭」就完畢了。

春雨延誤了工程，否則會更早完工。半年即將過去，七月五日早上九點半，台北市長太田吾一再度駕臨，原來的空地已經跑出氣派的兩層樓建築，模樣與眾不同，正面是洗石子的灰色牆，不是通見的紅磚，且有兩個入口，兩側有高凸的半圓屋頂。這次有台北的官員、議員和委員五十幾人齊聚新築的二樓，來爲造價三萬五千圓的「簡易宿泊所」開館。

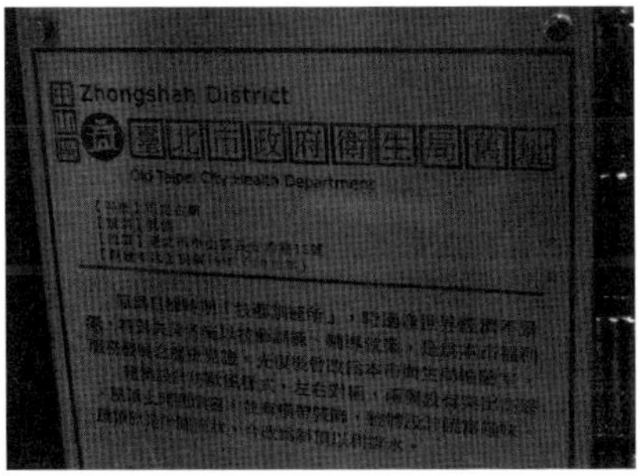

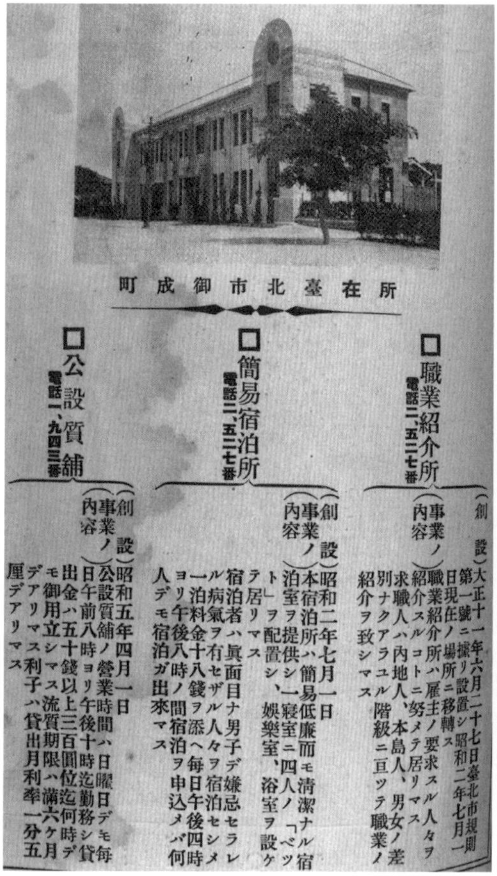

所在 臺北市御成町

□職業紹介所 電話二、五二七番

（創設）大正十一年六月二十七日臺北市規則第一號ニ據リ設置シ昭和二年七月一日現在ノ場所ニ移轉ス

（事業ノ內容）職業紹介所ハ雇主ノ要求スル人々ヲ紹介スルコトニ努メテ居リマス求職人ハ內地人、本島人、男女ノ差別ナクアラユル階級ニ亘ッテ職業ノ紹介ヲ致シマス

□簡易宿泊所 電話二、五二七番

（創設）昭和二年七月一日

（事業ノ內容）本宿泊所ハ簡易低廉而モ清潔ナル宿泊室ヲ提供シ一寢室ニ四人ノ「ベット」ヲ配置シ、娛樂室、浴室ヲ設ケテ居リマス

宿泊者ハ眞面目ナ男子デ嫌忌セラレル病氣ヲ有セザル人々ヲ宿泊セシメ一泊料金十八錢ヲ添ヘ毎日午後四時ヨリ午後八時ノ間宿泊ヲ申込メバ何人デモ宿泊ガ出來マス

□公設質舖 電話一、九四三番

（創設）昭和五年四月一日

（事業ノ內容）公設質舖ノ營業時間ハ日曜日デモ毎日午前八時ヨリ午後十時迄勤務シ貸出金ハ五十錢以上三百圓位迄何時デモ御用立シマス流質期限ハ滿六ケ月デアリマス利子ハ貸出月利率一分五厘デアリマス

右：有低價旅館性質的簡易宿泊所由西側門進入，東側門則屬於職業紹介所。

左：一九三〇年的雜誌廣告，可看見舊衛生局古蹟建築內，當時容納了三個不同單位。

一九一八年第一次世界大戰結束，歐洲參戰國負債沉重，連年不景氣，一九二一年的英國就有五十五萬人失業；日本每年的畫壇盛事「帝展」，送件減少，賣掉的更少；煙草消費下降，稅繳得少，台中的空屋愈來愈多，台灣的精神病患也增加，各社會亟需建立救濟扶助的系統。爲了困頓漂泊之人，簡易宿泊所因運而生，其性質像宿舍，也似旅館，總之就是便宜的暫時棲身之所。一泊十八錢，比高級旅館動輒三圓、五圓，確實可讓窮困旅人喘息幾夜。

台北市簡易宿泊所於七月十日正式對外營業，由西側門進入，一樓有賣食券區、洗腳場、洗面所、浴室、廚房和食堂，二樓有上下舖的床，一個房間住四人，最多可容納十六個人。初期發現，入住的全是男人，從日本來的則以鹿兒島人居多。

依官方的初衷，新樓本身自是簡易宿泊所，但臨要啓用，卻殺出一個不速之「室友」，叫「職業紹介所」，也就是幫人找工作、幫店家找員工的單位。

台北市早先就有私營職業仲介的生意，官方自一九二三年起，因注意扮演社會救助角色，也創辦「職業紹介所」。紹介所原本設在明石町游泳池的隔壁（今南陽街、許昌街口附近），因地屬日本

一九二七年，台北市尹太田吾一主持簡易宿泊所建築的啓用典禮。

人住商區，台灣人很少去運用，市役所一直想把紹介所搬到離台灣人近一點的地方。一九二七年的簡易宿泊所新樓蓋好，如天上掉下來的禮物，職業紹介所一把抱住，馬上跑去瓜分一角，佔用一樓的東側，而且還搶在宿泊所開張前進駐掛牌營業。

過了三年，簡易宿泊所這棟兩層樓建築再次被瓜分。

一九二〇年代是公部門超注意社會事業的年代，台北市除了爲失業者媒合工作、爲出外人打造便宜落腳處，一九二〇年還開辦了「公設質舖」（公營當舖），號稱是給窮人方便的銀行。六月十六日開辦第一天，就在今天中山堂旁的市警局，面向中華路這邊，八點即有人拿了蛇目傘（日式傳統傘，顏色豔麗，傘面常有圓圈圖案）走進質舖，搶得頭香，當得五十錢。八點兩分，接著是個四十開外的男人，下巴冒著濃密的黑鬍子，拿著長統皮鞋和銀錶，希望典借八圓，當舖三位職員互相討論後，給他五圓。

台北市質舖異常發達，十年之後，大稻埕和今天中山北路一帶利用當舖的人很多，於是增設「御成町公設質舖」，一九三〇年四月也擠進簡易宿泊所一樓西側。至此，一棟始於宿泊所的建築，已演變成三合一的社會救助機構聯合辦公廳舍。四〇年代初期的鳥瞰

戰前台灣有多處公設當舖，台北（上）、高雄（中）、埔里（下）都有，是社會事業重要的建設。

埔里街公設質舖

圖會看見此地標示三個機構名字，理由在此。當時的人，對此棟建築的認知，又以職業紹介所爲主。戰後，這棟建築再移做衛生局。

台北市把古蹟定名「台北市衛生局舊址」，戰前的角色和用途已然掉落，再加上說明不清，不曾存在單位列其名，曾經存在的機關反不見名號，歷史之神在天上大概如梵谷畫筆下的嘉舍醫生，掌托右腮，眉尾下垂，哀嘆良久了吧！

（原文載於聯合報二〇〇九年七月十九日四版，之後文化局隨即進行調查改正。）

【附表】台北市古蹟建築時間考

古蹟	所在地址	目前用途	官方登載創建時間	正確創建時間	引證資料來源	備註
 臺北撫臺街洋樓	中正區延平南路二十六號	撫臺街洋樓	大正年間（西元一九二〇年代）	一九一〇年	台灣日日新報一九一〇年八月二日第八版廣告（該版日期誤植為七月）	原建築為營建商「高石組」的本店
 臺灣總督府交通局遞信部	中正區長沙街一段二號	國史館台北辦公室	大正十四年（西元一九二五年）	一九二四年	台灣日日新報一九二三年三月十八日九版、一九二四年三月二日七版	森山松之助設計，矢部組承造，建築經費約五十萬圓。竣工當時為總督府遞信局。國史館已知該建築為一九二四年完工
 婦聯總會	中正區長沙街一段二十七號	台北地方法院寶慶院區	大正四年至九年之間（一九一五年至一九二〇年之間）	一九一三年	台灣日日新報一九一三年十二月十日七版、同年十二月二十一日七版	最初為「偕行社」建築，供做軍人的俱樂部

帝國生命會社舊廈	三井物產株式會社舊廈	紀州庵	草山御賓館
中正區博愛路一六二號	中正區館前路五十四號	中正區同安街一一五號及一〇九巷四弄六號	士林區新園街一號
台灣銀行國際部			
昭和年間（一九三〇年代）	約大正九年（西元一九二〇年）	日治時期大正年間	大正十二年前後（西元一九二三年前後）
一九三七年	一九二三年	一九一七年	一九二三年
台灣日日新報一九三七年五月二十二日三版	台灣日日新報一九二三年四月二十三日四版、同日七版	台灣日日新報一九一七年六月二十四日七版	台灣日日新報一九二三年三月二十九日九版、同年三月三十一日六版
大阪知名營造商竹中工務所承建，工程費用超過四十萬圓	一九二二年創建的樓房已毀棄，目前所見為一九四〇年竣工的全新建築		日本時代稱此建物為「草山貴賓館」

台北市政府衛生局舊址	前美國駐台北領事館	士林公有市場
中山區長安西路十五號	中山區中山北路二段十八號	士林區大南路八十九號
台北市身心障礙福利會館	光點台北	士林公有市場
昭和五年（西元一九三〇年）前後	大正十四年（西元一九二五年）前後	大正初年（西元一九一〇年代）
一九二七年	一九二六年	一九一五年
台灣日日新報一九二七年七月二日夕刊一版、同年七月六日夕刊二版、一九二九年三月一日一版	台灣日日新報一九二六年十月十日夕刊一版、一九二七年三月三十一日一版	台灣日日新報一九一四年十二月九日三版、一九二六年九月三十日夕刊四版
最初建築為「臺北市簡易宿泊所」	由領事夫人設計，一九二六年十月八日遷入新築	浦田組承建，工程費九千三百圓

註：表中「官方登載創建時間」依據台北市文化局出版《臺北市古蹟簡介》（二〇〇一年初版）與台北市文化局官網。

參考資料

万有百科大事典13生活　相賀徹夫　1975年
中央日報全文影像資料庫
王永慶把脈台灣　王永慶　1997年
日治時期臺灣近代建築設備發展之研究　廖鎮誠　2007年
台灣日治時期統計資料庫　http://tcsd.lib.ntu.edu.tw
台灣民族運動史　蔡培火等　1971年
台灣實業家名鑑　1913年
台灣鐵道史　台灣總督府鐵道部編　1910年
半世紀的奮鬥　黃進興　1990年
左鎮歷史圖像　葉春榮　2005年
走過兩個時代的公務員　蕭富隆編　2006年
余陳月瑛回憶錄　余陳月瑛　1996年
林獻堂先生紀念集　葉榮鐘　1960年
味の素沿革史　1951年

洪建全的事業志業　鄭秋霜　2006年
陳江章先生紀念集　1999年
張榮發自傳　張榮發　1999年
過庭錄　高松壽講　章君穀記　1971年
創業の逸品—日本の食文化を彩る嚴選88品　2004年
臺北市政府衛生局舊址調查研究　李乾朗研究主持　1999年
臺北市市定古蹟撫臺街洋樓調查研究　符宏仁主持　梁明昌協同主持　2001年
臺灣人物誌　1916年
臺灣日日新報　1898-1944年
灌園先生日記〈五〉　1932年
http://www.ne.jp/asahi/aikokuki/aikokuki-top/ASmith/Index.html
http://www.encyclopedia-titanica.org/
www.kagome.co.jp

圖片來源

Formosa Today / 94

大正八、九年コレラ病流行誌 1922年 / 69下

日本地理大系台灣篇1931年 / 96,97,157,162,191下

日本地理風俗大系1930年 / 136,182上下,224,247,249上下,250上下251,253

本島に於ける帽子1930年 / 172下

台北市十年誌1930年 / 23

台南市大觀1930年 / 189上下

台灣を視る1935年 / 207上

台灣之產業組合1933年 / 181下

台灣之產業組合1938年 / 63

台灣之專賣1941年 / 115上下

台灣日日新報 / 53,56左右,125,127,129左,140,145全部151,153,155,160,163,196,211

台灣日日寫眞畫報1916-1917年 / 47,59,194,278右三

台灣自動車界1936年 / 184

梁旅珠拍攝／232,236上

梁溫彩英提供／15

張超英家族提供／156,167,257左右

陳沛元拍攝／279右

陳柔縉拍攝／41,128,142,186,191上,226,234,236下,256,262,270,271,272右,277全部,278右一,278右二,279中,279左

陳柔縉提供／44,45,48,54上下,64,69上,76,77,82下,90,103下,131,132,133,134,141,172上,207下,239,243,273

辜顯榮翁傳1939年／34,35

樂園台灣の姿1936年／207下

頭圍信用購買販賣利用組合創立二十周年誌1939年／27,29上下

鐵道要覽1915年／129右上

註：相關圖片除個人提供與拍攝外，均翻拍自中央圖書館台灣分館藏書。

繪圖模畫來源

日治時期的臺北2007年 / 24
台灣日日新報1908年10月22日 / 73
台灣日日新報1910年8月2日 / 265
台灣日日新報1916年4月24日 / 25
台灣日日新報1930年4月5日 / 204
台灣日日新報1927年1月11日 / 93
台灣日日新報1927年6月19日 / 154
台灣日日新報1927年6月12日 / 152
台灣日日新報1932年5月9日 / 124
台灣日日新報1933年10月11日 / 165
台灣日日新報1934年10月31日 / 104
台灣日日寫眞畫報1916年10月 / 193
台灣大觀1932年 / 19
台灣銀行記念寫眞帖1919年 / 178

台灣建築會誌／146
台灣霧峰林家留眞集　賴志彰編撰1989年／66,222
常夏之台灣1928年／138
專賣通信1935年／108
張超英家族提供／254
陳柔縉提供／40,135,241
辜顯榮翁傳1939年／36

註：相關圖片來源，除個人提供外，均為中央圖書館台灣分館藏書。

PEOPLE ㉛351

人人身上都是一個時代

作　者—陳柔縉
繪　圖—梁旅珠
主　編—李濰美
美術設計—張士勇工作室
校　對—陳柔縉、李昧
執行企畫—曾秉常
董事長
發行人—孫思照
總經理—莫昭平
總編輯—林馨琴
出版者—時報文化出版企業股份有限公司
10803台北市和平西路三段二四〇號四樓
發行專線—（〇二）二三〇六—六八四二
讀者服務專線—〇八〇〇—二三一—七〇五
（〇二）二三〇四—七一〇三
讀者服務傳真—（〇二）二三〇四—六八五八
郵撥—一九三四四七二四時報文化出版公司
信箱—台北郵政七九～九九信箱
時報悅讀網—http://www.readingtimes.com.tw
電子郵件信箱—history@readingtimes.com.tw
法律顧問—理律法律事務所　陳長文律師、李念祖律師
印　刷—盈昌印刷有限公司
初版一刷—二〇〇九年十一月三十日
定　價—新台幣二八〇元

國家圖書館出版品預行編目資料

人人身上都是一個時代／陳柔縉著. -- 初版. --
臺北市：時報文化，2009.11
面；　公分. --（People：351）
參考書目：　面

ISBN　978-957-13-5123-0（平裝）

1. 臺灣傳記　2. 日據時期

783.318　　98020260

ISBN　978-957-13-5123-0
Printed in Taiwan